James Allen

OS OITO PILARES DA PROSPERIDADE

DESCUBRA OS SEGREDOS PARA SE DESENVOLVER SOBRE UMA BASE SEGURA E COROAR SUA CARREIRA COM REALIZAÇÕES

Tradução de
Henrique Amat Rêgo Monteiro

CLIO EDITORA

CLIO EDITORA

Av. Paulista, 967 - 14º and. - Conjunto 9 - Cerqueira César
CEP 01311-100 - São Paulo - SP
E-mail: clioeditora@clioeditora.com.br
www.clioeditora.com.br

Dados Internacionais de Catalogação na Publicação (CIP)
(Câmara Brasileira do Livro, SP, Brasil)

Os oito pilares da prosperidade : descubra os segredos para desenvolver-se sobre uma base segura e coroar sua carreira com realizações / James Allen ; tradução Henrique Amat Rêgo Monteiro. -- São Paulo : Clio Editora, 2011.

Título original: The eight pillars of prosperity
ISBN 978-85-7831-091-2

1. Autoajuda - Técnicas 2. Autoavaliação 3. Autoconsciência 4. Autorrealização 5. Felicidade 6. Prosperidade 7. Riqueza 8. Sucesso I. Título.

11-10457 CDD-158

Índice para catálogo sistemático:
1. Êxito e prosperidade : Psicologia aplicada 158

Preparação e revisão: Ana Luiza Couto e Vânia Cabiaco
Projeto gráfico e diagramação: Herbert Junior/NewUsina
Capa: Ana Dobón
2ª edição: Janeiro de 2013

SUMÁRIO

SOBRE ESTA TRADUÇÃO

Esta tradução baseou-se numa reprodução da edição original de 1911, publicada por Thomas Y. Crowell, Nova York, e cotejada com a edição original inglesa, publicada em Londres, em 1912.

Este foi um dos últimos livros escritos por James Allen, há quase 100 anos. O texto, portanto, é um produto de sua época e talvez não refletisse os mesmos valores se fosse escrito atualmente, tanto com relação à exatidão ou ao alcance das informações, quanto em relação a eventuais orientações para a vida. Assim sendo, o editor exime-se de responsabilidade pelo uso do material aqui contido com quaisquer outras finalidades a não ser para fins exclusivamente educacionais.

INTRODUÇÃO

Os pensamentos de James Allen inspiraram o sucesso e a felicidade de milhões de pessoas em todo o mundo. Escritores posteriores, como Norman Vincent Peale (*O poder do pensamento positivo*) e Joshua Liebman (*Paz de espírito*) levaram adiante o seu legado para criar milhões de seguidores. Não obstante, ainda hoje a maioria de seus livros só agora começa a ser divulgada para o grande público. Até recentemente, seu nome não era encontrado na maioria das obras de referência. Nem mesmo a Biblioteca do Congresso americano ou o British Museum tinham muitas informações a seu respeito.

James Allen pode ser considerado um integrante do Novo Pensamento, um grupo livremente formado em torno de denominações religiosas, organizações seculares, autores, filósofos e estudiosos do pensamento positivo, lei da atração, cura, força vital, visualização criativa e poder pessoal. Suas ideias também inspiraram muitos dos autores do movimento da Nova Era, que surgiu no final do século XX nos Estados Unidos. Entre eles, Charles Fillmore,

William Walker Atkinson, P. T. Barnum e Thomas Troward entre outros.

A filosofia de James Allen fundamenta-se em um amplo espectro de compreensão espiritual e sua popularidade tem muito que ver com a evolução do dogmatismo cristão que começou a ser desconsiderado com a volta de determinados setores do cristianismo a suas origens de conhecimento piedoso. O retorno a essas verdades, que também são as verdades mais profundas do cristianismo, seria considerado como "a maior revolução do século XIX", nas palavras do psicólogo e filósofo estadunidense pioneiro William James (1842-1910). Uma das expressões desse retorno à verdade superior foi o desejo de reconciliar ciência e religião que se seguiu à publicação de *A origem das espécies*, do naturalista britânico Charles Darwin (1809-1882). O próprio Charles Darwin sugerira uma mudança em relação ao pensamento até então vigente em sua obra *A descendência do homem e seleção em relação ao sexo*. Nesse livro, Darwin escreve: "O estágio mais elevado possível na cultura moral é quando reconhecemos que devemos controlar os nossos pensamentos (...)".

Allen combina os profundos ideais cristãos com a verdade budista que precedeu o cristianismo e o islamismo: "Tudo o que somos é o resultado de nossos pensamentos". A citação bíblica de Allen é: "O homem que pensa por si mesmo, assim é". Allen insiste no poder do indivíduo para formar e reformar seu próprio caráter e criar sua própria felicidade. Ele escreve: "O pensamento e o caráter são uma coisa só, e como o caráter só pode se manifestar e se descobrir por meio do ambiente e das circunstâncias, as condições exteriores da vida de uma pessoa sempre estarão em uma relação harmoniosa com seu estado interior".

A obra de Allen leva-nos a pensar e a nos voltar para nossa vida em um sentido prático. Ele explica como o pensamento leva à ação, mostrando como transformar nossos pensamentos em realidade. De acordo com sua esposa, no prefácio a uma de suas obras publicadas postumamente, "Allen escrevia quando tinha uma mensagem a transmitir, e essa só se tornava uma mensagem quando ele a vivenciava na própria vida, e sabia que era boa". Daí seus pensamentos serem inspiradores também no mundo dos negócios, das oportunidades e do sucesso pessoal. Ele mergulha no fundo da consciência humana, também quando a relaciona ao trabalho. Diz ele: "A saúde de verdade e o sucesso de verdade andam de mãos dadas, pois estão inseparavelmente ligados no âmbito do pensamento. Assim como a harmonia mental produz a saúde do corpo, também leva à consecução harmoniosa do resultado real de seus planos".

E ainda sobre a função do trabalho, esse mergulho para dentro de si mesmo pode trazer resultados específicos, independentemente da atividade. "O trabalho, mental ou físico, é benéfico e saudável, e a pessoa que consegue trabalhar com uma persistência constante e serena, livre de ansiedades e preocupações, e com a mente totalmente desligada de tudo a não ser da tarefa imediata, não só realiza muito mais do que outra pessoa que está sempre apressada e ansiosa, mas mantém sua saúde, um benefício que a outra rapidamente deixa de desfrutar."

Allen transmite duas verdades essenciais: 1) Hoje nos encontramos onde nossos pensamentos nos fizeram chegar; e 2) Somos os arquitetos — para o bem ou para o mal — de nosso próprio futuro. Sua mensagem é de esperança, mesmo em meio à mais completa confusão: "Muitas pessoas se queixam de que sofrem um esgotamento de tanto trabalhar. Na maioria desses casos, o colapso é muitas vezes consequência de energia desperdiçada inutilmente".

SOBRE O AUTOR

Escritor filosófico e poeta, James Allen nasceu em Leicester, Inglaterra, em 28 de novembro de 1864. Foi o mais velho de três irmãos e, quando tinha 15 anos de idade, seu pai partiu para a América em busca de melhores oportunidades. Em uma trágica reviravolta, o pai morreu no exterior, antes de poder mandar buscar a família. Em consequência disso, durante a década de 1890 James precisou abandonar os estudos para trabalhar como secretário pessoal de diversos executivos de grandes empresas inglesas. Em 1893, mudou-se para Londres, onde conheceu Lily Louise Oram, com quem se casou em 1895. Ela também era escritora e mais tarde cuidou da publicação das obras do marido. Tiveram uma filha, Nora Lily, nascida em setembro de 1896. Ambos era vegetarianos.

Allen começou a trabalhar como escritor em 1898, ao ingressar na revista *The Herald of the Golden Age*, como redator. Teve início então um período criativo, que resultou na publicação de seu primeiro livro, em 1901, *From Poverty to Power, or, The Realization of Prosperity and Peace*

(Da pobreza ao poder, ou, A percepção da prosperidade e da paz). Em seguida, em 1902, criou a própria revista espiritualista, *The Light of Reason,* depois rebatizada como *The Epoch.* Sua carreira literária durou apenas dez anos, de 1901 até a sua morte, em 1912. Durante esse breve período, produziu mais de vinte obras.

Depois de lançar o primeiro livro, Allen começou a escrever *As a Man Thinketh* (O homem que pensa por si mesmo), inspirado em um provérbio bíblico: "O homem que pensa por si mesmo, assim é". Essa se tornaria sua obra mais popular. Muito embora muitos a considerem a mais concisa e eloquente, incorporando suas ideias mais sutis e seus valores elevados, de algum modo ele deixou de reconhecer sua importância. Depois de terminada, a esposa precisou convencê-lo a publicá-la.

A relativa notoriedade do livro permitiu que a família, em 1903, se mudasse para Ilfracombe, no litoral da Inglaterra, para uma casa que ele e a esposa chamavam de *Bryngoleu,* onde Allen passou o resto da vida. Era um balneário idílico e pacífico na costa, com hotéis vitorianos de frente para a praia, montanhas ao fundo e planícies varridas pelo vento — o lugar ideal para lhe oferecer um ambiente sossegado que favorecia sua busca nos estudos filosóficos do Novo Pensamento.

Allen era um homem que acreditava no poder do pensamento para obter fama, fortuna e felicidade. Por ser um contemporâneo de Leon Tolstói, alguns cogitaram que se tratasse de espírito semelhante. Mas, nas palavras de Henry David Thoreau, Allen "seguia o compasso de uma batida diferente". Allen foi um gênio discreto, não reconhecido em sua total dimensão em vida, nunca tendo obtido fama nem fortuna, mas que, em contraste com Tolstói, que morreu dois anos antes dele, viveu o fim de seus dias em um casamento feliz.

O dia de Allen em Ilfracombe começava com uma caminhada antes do amanhecer até Cairn, um povoado vizinho, onde meditava por uma hora na encosta de uma colina, olhando para sua casa e para o mar. Depois dessa meditação matinal, ele voltava para casa e passava a manhã escrevendo. Suas tardes eram dedicadas à jardinagem, e o resto do dia e à noite passava em conversas com a esposa e simpatizantes de suas ideias.

Allen morreu em Ilfracombe, em 1912, deixando a esposa e a filha. Pessoas que o conheceram afirmam que ele se esforçava para ter uma vida de ascetismo, de pobreza voluntária, trabalho manual e disciplina monástica. Ele também defendia uma vida simples, de aprimoramento pessoal, felicidade e domínio das virtudes fundamentais. Um amigo o caracterizou como "um homem de aparência frágil, lembrando um pouco a imagem que se tem de Cristo, com uma copiosa massa de cabelo escuro". Nas reuniões, ele conversava com o grupo sobre meditação, filosofia, misticismo e sobre sua obra.

Atualmente, o fecundo pensamento de Allen inspira mais pessoas do que ele jamais imaginou. Suas ideias são citadas e divulgadas por todo o mundo.

DIMENSÃO DA OBRA

Este foi um dos últimos livros que James Allen escreveu antes de morrer; portanto, contém seu pensamento mais profundo sobre o sucesso. É uma obra de gênio, provavelmente porque Allen foi capaz de concentrar melhor os pensamentos. O livro trata mais do sucesso como realização pessoal do que como uma conquista de bens materiais. Portanto, não se trata de uma obra que se aprofunde em questões mundanas, como "prosperidade", "dinheiro" etc. no sentido de aquisição de bens.

Allen diz que todos os sucessos, na realidade, baseiam-se na atividade dinâmica, na administração inteligente do tempo e do dinheiro, na integridade e em uma vida sistemática. Segundo ele, "a vida como um todo sempre recompensa os melhores. O homem que levanta cedo para pensar e planejar, para poder pesar, analisar e prever, sempre manifestará maior habilidade e sucesso no que praticar, ao contrário daquele que permanece na cama até o último momento e só se levanta no instante de tomar o café da manhã".

Esta obra nos inspira a desenvolver o poder da concentração mental. Os outros livros sobre sucesso são de aplicação prática, mas Allen ensina os princípios reais que devem ser compreendidos antes de colocados em prática. Este livro é um tanto avançado, mas não há dificuldade em entender seu conteúdo. Como diz o autor, "é melhor agir com decisão e cometer um erro do que agir com indecisão e cometer um erro, pois, no primeiro caso, só há erro, ao passo que, no último, a fraqueza é adicionada ao erro".

Este é um livro cuja leitura deveria ser recomendada a todo aluno do Ensino Médio e exigida a todo aluno de MBA. Nos últimos vinte anos, começamos a nos concentrar em acumular riquezas e a ganhar dinheiro em bolhas no mercado de ações, só para perder a maioria do que ganhamos quando a bolha estoura. Vimos isso no final do século XX, com o fracasso das empresas ponto-com, depois com a crise provocada pelo inchaço artificial do mercado imobiliário americano e mais recentemente com o colapso da economia mundial.

Se você quiser aproveitar apenas uma mensagem deste livro, deve ser a de que a prosperidade duradoura não acontece em alguns meses, com base no jogo ou na sorte. A prosperidade que não se desfaz quando o mercado de ações oscila é construída sobre um alicerce sólido de decisões bem-fundamentadas, de um esforço continuado, de investimentos sensatos de seu tempo e energia, e de integridade na busca do sucesso.

O mundo encontra-se em uma encruzilhada e este livro traz a mensagem na qual todos precisamos nos concentrar, pois muitos esqueceram como se constrói um sucesso duradouro. Como expressa Allen de maneira admirável, os princípios deste livro ensinam você a "elevar-se acima das tolices que sobem e descem e do fluxo incerto de desejos egoístas, a coroar sua carreira com realização e colocar-se entre as pessoas sábias que, sem vacilar, desenvolvem-se sobre uma base segura".

Allen estabelece um quadro de "pilares" ou princípios baseados na integridade moral e no trabalho sério. Não há promessas de ficar rico rapidamente, nem de mostrar o caminho para a riqueza; em vez disso, há uma análise profunda das ferramentas reais necessárias para construir um sucesso permanente e do mais alto nível. Seguindo suas orientações, é difícil imaginar que alguém seja outra coisa a não ser incrivelmente bem-sucedido.

Em resumo, são os seguintes os pilares da prosperidade de James Allen:

1 — **ENERGIA** — Entusiasmo para exercer o esforço necessário e contínuo na realização de qualquer tarefa.

2 — **ECONOMIA** — Concentração de poder, conservando tanto o capital quanto o caráter, este último considerado como capital mental e, portanto, de máxima importância.

3 — **INTEGRIDADE** — Honestidade inquebrantável; manter invioláveis todas as promessas, acordos e contratos, independentemente de considerações de perda ou ganho.

4 — **SISTEMA** — Subordinar todos os detalhes à ordem e, assim, aliviar a memória e a mente de trabalho e tensões supérfluas, reduzindo tudo a uma coisa só.

5 — **SIMPATIA** — Benevolência, generosidade, gentileza e afabilidade; ser acessível, disponível e bondoso.

6 — **SINCERIDADE** — Ser sincero e franco, forte e verdadeiro; portanto, não ser uma pessoa em particular e

outra publicamente, e não assumir as boas ações abertamente enquanto comete as más ações por trás.

7 — IMPARCIALIDADE — Justiça; não forçando a própria vontade, mas pesando os dois lados e agindo de acordo com a igualdade.

8 — AUTOCONFIANÇA — Não recorrer aos outros em busca de apoio e confiança, mas apoiar-se em princípios que são estáveis e imutáveis, e não confiar em fatores externos, que a qualquer momento podem falhar.

PREFÁCIO

É comum supor-se que o aumento da prosperidade, tanto entre os indivíduos quanto entre as nações, só possa acontecer por meio de uma reorganização política e social. Isso pode ou não ser verdade; depende da prática das virtudes morais por parte dos indivíduos que compõem uma nação. Melhores leis e condições sociais sempre decorrem da prática elevada da moralidade entre os indíviduos de uma comunidade. Nenhuma norma jurídica é capaz de, por sí só, proporcionar prosperidade, ou melhor, não se pode afastar da ruína um homem ou uma nação que tenham se tornado negligentes e decadentes no exercício e na prática das virtudes.

As virtudes morais são a base e o esteio da prosperidade, pois são a alma da grandeza. Sobrevivem para sempre e todas as obras humanas duradouras são construídas sobre essas virtudes. Sem elas não há força, nem estabilidade, nem mesmo a realidade concreta, mas apenas sonhos efêmeros. Descobrir os princípios morais é encontrar a prosperidade, a grandeza, a verdade e, portanto, é ser forte, valente, alegre e livre.

James Allen
Ilfracombe, Inglaterra

OS OITO PILARES

A prosperidade repousa sobre uma base moral. No entanto, muita gente costuma supor que se apoia sobre uma base imoral — ou seja, sobre a malandragem, a desonestidade, o logro e a cobiça. Muitas vezes, ouve-se até mesmo um homem inteligente declarar: "Ninguém pode ser bem-sucedido nos negócios a menos que seja desonesto", considerando assim a prosperidade nos negócios — uma coisa boa — consequência da desonestidade — uma coisa ruim. Essa declaração é superficial e descuidada, e revela um total desconhecimento da relação de causa e efeito moral, bem como uma compreensão muito limitada dos fatos da vida. É como se alguém devesse semear uma erva daninha para colher espinafre ou construir uma casa de tijolos no pântano — coisas impossíveis na ordem natural da causalidade e que, portanto, não devem ser tentadas. A ordem espiritual e moral de causa e efeito não é diferente no princípio, mas apenas na natureza. Nos fenômenos naturais, a mesma lei se observa nas coisas invisíveis — os pensamentos — e nas ações —

as coisas visíveis. O homem vê os processos nos objetos naturais e age de acordo com esses processos; mas, não vendo os processos espirituais, imagina que não existam e assim não age em harmonia com eles.

Esses processos espirituais, no entanto, são tão simples e tão certos quanto os processos naturais. Na verdade, são os mesmos modos *naturais* manifestando-se na esfera da mente. Todas as parábolas e um grande número dos ensinamentos dos Grandes Mestres têm como finalidade ilustrar esse fato. O mundo natural é o mundo mental tornado visível. O visível é o espelho do invisível. A metade superior de um círculo não é de maneira nenhuma diferente da metade inferior, mas sua forma esférica invertida. O material e o mental não são dois arcos destacados do universo; são as duas metades de um círculo completo. O natural e o espiritual não estão em eterna oposição, mas na ordem verdadeira do universo encontram-se eternamente em comunhão. É no *antinatural* — no abuso da função e da faculdade — que surge a separação, e em que o essencial é arrebatado, com sofrimentos repetidos, do círculo perfeito do qual tentou se separar. Cada processo na matéria é também um processo na mente. Toda lei natural tem sua contrapartida espiritual.

Considere qualquer objeto natural e, se buscar corretamente, encontrará seus processos fundamentais na esfera mental. Pense, por exemplo, na germinação de uma semente e em seu desenvolvimento em uma planta com a produção final de uma flor, e de novo o retorno à semente. Esse é também um processo mental. Os pensamentos são sementes que, caindo no solo da mente, germinam e desenvolvem-se até atingir o estágio final, florescendo em boas ou más ações, brilhantes ou estúpidas, de acordo com sua natureza, e terminando como sementes de pensamento para novamente serem semeadas em outras mentes. Um professor é um semeador, um agricultor espiritual, ao passo que aquele que ensina a si mesmo é o sábio agricultor do próprio terreno mental. O crescimento de um pensamento é como o crescimento de uma planta. A semente deve ser semeada oportunamente, e é necessário tempo para sua transformação na planta de conhecimento e na flor da sabedoria.

Enquanto escrevo este texto, faço uma pausa e olho pela janela de meu escritório, e lá, a uma centena de metros de distância, está uma árvore alta no topo da qual uma ave empreendedora construiu, pela primeira vez, seu ninho. Sopra um vento nordeste forte, de modo que o topo da árvore oscila violentamente para cá e para lá sob o efeito das rajadas; ainda assim, não há perigo para aquela frágil estrutura de gravetos e penas, nem para a ave mãe, sentada sobre seus ovos, sem medo da tempestade. Por que é assim? Porque a ave construiu instintivamente seu ninho em harmonia com os princípios que garantem a máxima força e segurança. Primeiro, escolheu uma forquilha como a base para o ninho, e sem nenhum espaço entre dois ramos distintos, de modo que, por maior que seja o balanço no topo da árvore, a posição do ninho não é alterada, nem sua estrutura é abalada; depois, o ninho é construído em um plano circular, de modo a oferecer a maior resistência a qualquer pressão externa, bem como a obtenção da mais perfeita compactação interior, em harmonia com seu propósito; e assim, por mais violenta que seja a tempestade, as aves repousam em conforto e segurança. Esse é um tema muito simples e comum, mas, ainda assim, em estrita obediência de sua estrutura às leis matemáticas, torna-se, para o sábio, uma parábola de esclarecimento, ensinando-lhe que só pela ordenação das ações de acordo com os princípios estabelecidos obtém-se a certeza perfeita, a segurança perfeita e a paz perfeita, em meio à incerteza dos acontecimentos e das tempestades turbulentas da vida.

Uma casa ou um templo construídos pelo homem são estruturas muito mais complicadas que o ninho de uma ave, embora erigidos de acordo com os princípios matemáticos evidenciados por toda parte na natureza. E nesse caso se vê como o homem, nas coisas materiais, obedece aos princípios universais. Ele nunca tenta erguer um edifício que desafie as proporções geométricas, pois sabe que tal prédio seria inseguro e que a primeira tempestade, com toda a probabilidade, o levaria ao chão — se, na verdade, já não tivesse caído sobre sua cabeça durante o processo de construção. O homem, em suas construções materiais, segue escrupulosamente os princípios estabelecidos do círculo, do quadrado e dos ângulos, e, auxiliado pela régua, pelo prumo e pelo compasso, ergue uma estrutura que resiste a fortes tempestades e lhe proporciona um abrigo seguro e uma proteção segura.

Tudo isso é muito simples, poderá dizer o leitor. Sim, são princípios simples porque verdadeiros e perfeitos; tão verdadeiros que não admitem a menor transigência, e tão perfeitos que nenhum homem é capaz de aprimorá-los. O homem, por longa experiência, aprendeu esses princípios no mundo material e compreendeu a sabedoria de obedecê-los, e assim me referi a eles para chegar a uma reflexão sobre os princípios estabelecidos no mundo mental ou espiritual, que são igualmente tão simples e eternamente verdadeiros e perfeitos, ainda que atualmente sejam tão pouco compreendidos pelo homem, o qual diariamente os viola, por ser ignorante de sua natureza e inconsciente dos danos que o tempo todo inflige a si mesmo.

Na mente como na matéria, nos pensamentos como nas coisas, nas ações como nos processos naturais, existe um fundamento estabelecido da lei que, se ignorado conscientemente ou por ignorância, leva ao desastre e à derrota. É, na verdade, a violação ignorante dessa lei que é a causa da dor e do pesar do mundo. Na matéria, essa lei é apresentada como *matemática*; na mente, é percebida como *moral*. A matemática e a moral, contudo, não são coisas separadas e opostas; são dois aspectos de um todo unido. Os princípios estabelecidos da matemática, aos quais toda matéria está sujeita, são o corpo em relação ao qual o espírito é ético, ao passo que os princípios eternos da moralidade são truísmos matemáticos no universo da mente. É tão impossível ter uma vida de sucesso além dos princípios morais quanto construir o sucesso ignorando os princípios matemáticos. O caráter, assim como uma casa, só se mantém firme quando construído sobre um fundamento na lei moral — e o caráter é construído de forma lenta e laboriosa, ação por ação, pois, na formação do caráter, os tijolos são as ações. As empresas e todos os empreendimentos humanos não estão isentos dessa ordem eterna, e só podem resistir em segurança com a observância das leis estabelecidas. A prosperidade, para ser estável e duradoura, deve repousar sobre uma base sólida de princípios morais e apoiar-se sobre os pilares inflexíveis do caráter íntegro e do valor moral. Na tentativa de gerir uma empresa desafiando os princípios morais, o desastre, de um tipo ou de outro, é inevitável. Os homens permanentemente prósperos em qualquer comunidade não são os trapaceiros e enganadores, mas os confiáveis e íntegros. Os quacres são reconhecidos como os homens mais íntegros da comunidade britânica e, embora em pequeno número, são os mais prósperos. Os jainistas na Índia são semelhantes tanto em número quanto em valor moral, e são as pessoas mais prósperas do país.

Os homens falam em "construir um negócio"; na verdade, um negócio é como um prédio, como uma casa de tijolos ou uma igreja de pedras, embora o processo de construção seja um processo mental. A prosperidade, como uma casa, é um teto sobre a cabeça do homem, dando-lhe proteção e conforto. O teto pressupõe sustentação e a sustentação necessita de uma fundação. O teto da prosperidade, então, é sustentado pelos seguintes oito pilares, que são cimentados em uma fundação de coerência moral:

1. ENERGIA
2. ECONOMIA
3. INTEGRIDADE
4. SISTEMA
5. SIMPATIA
6. SINCERIDADE
7. IMPARCIALIDADE
8. AUTOCONFIANÇA

Um negócio construído sobre a prática impecável desses princípios será tão firme e duradouro quanto invencível. Nada poderá prejudicá-lo, nada poderá minar sua prosperidade, nada poderá interromper seu sucesso ou arruiná-lo; mas esse sucesso deve ser garantido com o crescimento incessante e com os princípios sendo cumpridos. Do contrário, se esses princípios estiverem todos ausentes, não poderá haver sucesso de nenhum tipo; não haverá nem mesmo um negócio, pois não haverá nada para produzir a aderência de uma parte à outra; mas haverá aquela falta de vida, aquela ausência de fibra e de consistência que anima e dá corpo e forma a qualquer coisa. Imagine um homem com todos esses princípios ausentes de sua mente, de sua vida cotidiana; e, mesmo se seu conhecimento desses princípios for insignificante e imperfeito, ainda assim não se pode imaginar tal homem fazendo um trabalho de sucesso. Você pode imaginá-lo vivendo a vida confusa de um vagabundo indolente, mas imaginá-lo como o dirigente de um negócio, como o centro de uma organização ou como um agente controlador e responsável em qualquer atividade da vida — isso você não é capaz de fazer, porque percebe a impossibilidade. A todos aqueles que ainda não entenderam a importância desses princípios para a prosperidade e, portanto, declaram que a moralidade não é um fator, mas antes um impedimento, o fato de que ninguém com moralidade e inteligência moderadas é capaz de pensar em um homem assim na liderança de qualquer empreendimento de sucesso deve ser uma prova concreta de que sua conclusão está totalmente errada, pois, se estivesse certa, então, quanto maior a falta desses princípios morais, maior o sucesso.

Esses oito princípios, portanto, em maior ou menor grau, são os fatores causadores de todo sucesso de qualquer natureza. Por trás de toda prosperidade eles são um forte esteio e, quaisquer que sejam as aparências contra essa conclusão, uma medida deles informa e sustenta todo esforço que seja coroado com a excelência que os homens chamam de sucesso.

É verdade que relativamente poucos homens praticam, em sua integridade e perfeição, todos esses oito princípios, mas há aqueles que o fazem, e esses são os líderes, os professores e os guias dos homens, o esteio da sociedade humana e os valorosos pioneiros na liderança da evolução humana.

Embora poucos, no entanto, atinjam essa perfeição moral que assegura o estágio mais elevado do sucesso, todos os sucessos menores decorrem da observância mesmo que parcial desses princípios. Esses princípios são tão importantes para a produção de bons resultados que até mesmo a perfeição em dois ou três apenas é suficiente para assegurar um grau razoável de prosperidade e manter um certo grau de influência local nem que seja por algum tempo. Ao mesmo tempo, a perfeição em dois ou três, com excelência parcial em todos, ou praticamente em todos os outros, tornará permanente esse sucesso e essa influência limitados. E esses sucessos irão, necessariamente, crescer e ampliar-se, na proporção exata do conhecimento mais profundo e da prática mais exata desses princípios, mesmo que no presente estejam apenas parcialmente incorporados ao caráter.

As linhas divisórias da moralidade humana assinalam os limites do sucesso. Isso é tão verdadeiro que conhecer a posição moral de um homem é conhecer — aferir matematicamente — seu sucesso ou seu fracasso em suma. O templo da prosperidade só subsiste se sustentado por seus pilares morais; quando eles enfraquecem, a construção torna-se insegura; se deixarem de existir, o templo desmorona e torna-se uma ruína.

No final, o fracasso e a derrota são inevitáveis quando os princípios morais são ignorados ou desprezados — inevitáveis na natureza das coisas como causa e efeito. Assim como uma pedra atirada para o alto retorna à terra, também cada ação, boa ou má, retorna àquele que a praticou. Todo ato amoral ou imoral frustra o fim planejado, e cada ato que alcance essa finalidade distancia-se sempre mais da realização plena. Por outro lado, todo ato moral é mais um tijolo sólido no templo da prosperidade, outra camada de força e beleza esculturada nos pilares que o sustentam.

Indivíduos, famílias, nações crescem e prosperam em harmonia com seu crescimento em termos de força e conhecimento morais; caem e fracassam de acordo com sua decadência moral.

Mentalmente, assim como fisicamente, só o que tem forma e solidez pode se sustentar e perdurar. O imoral é nulidade, e de nada pode ser formado. É a negação da substância. O imoral é destruição. É a negação da forma. É um processo de desnudamento espiritual. Embora prejudique e desintegre, deixa o material espalhado pronto para o construtor sábio dar-lhe forma de novo; e o construtor sábio é *Moralidade.* A moral é substância, forma e poder de construção a um só tempo. A moralidade sempre constrói e preserva, pois essa é sua natureza, ser o oposto da imoralidade, que sempre decompõe e destrói. A moralidade é o mestre construtor em toda parte, seja como indivíduo, seja como nação.

A moralidade é invencível e aquele que se apoia nela, no final, apoia-se na rocha invencível, de modo que a derrota é impossível e seu triunfo, uma certeza. Ele será testado, e isso ao extremo, pois sem luta não há vitória, e só assim as forças morais podem ser aperfeiçoadas, e está na natureza dos princípios estabelecidos, como tudo o que é bem e perfeitamente trabalhado, para ter sua força testada e aprovada. As barras de aço destinadas aos usos melhores e mais pesados do mundo devem ser expostas a um esforço severo pelo fabricante de ferro, como um teste de sua textura e eficiência, antes de serem mandadas à fundição. O oleiro deixa de lado os tijolos que não resistiram ao calor extremo. Assim, aquele que é grande e permanentemente bem-sucedido passa pelo esforço das circunstâncias adversas e pelo fogo da tentação, com sua natureza moral não meramente intocada, mas fortalecida e aprimorada. Ele será como a barra de aço bem trabalhada, pronta para o uso mais exigente, e o universo verá, assim como o ferreiro, seu aço bem-trabalhado, que o uso não o corrói.

A imoralidade é assaltada a todo momento, e aquele que tenta nela se apoiar mergulha no atoleiro da desolação. Até mesmo quando seus esforços parecem resistir, estão se desmanchando. O clímax do fracasso é inevitável. Embora o homem imoral se regozije com seus ganhos de origem duvidosa, já há um furo em seu bolso pelo qual o ouro vaza, e aquele que começa com a moralidade, e depois a abandona em troca de ganhos na hora da provação, é como o tijolo que se parte na primeira aplicação do calor. Ele não é adequado ao uso, e o universo o desdenha, ainda que não definitivamente, pois trata-se de um ser, e não de um tijolo; e ele pode viver e aprender, arrepender-se e ser restaurado.

A força moral é a vida de todo sucesso e o elemento de sustentação de toda prosperidade; mas há diversos tipos de sucesso e muitas vezes é necessário que o homem fracasse em uma direção pretendida para chegar a um sucesso mais importante e de maior alcance. Por exemplo, se um gênio literário, artístico ou espiritual começar tentando ganhar dinheiro, pode ser, e geralmente é o que acontece, que seja para seu bem e para o aprimoramento do seu gênio que fracasse dessa maneira, de modo a poder alcançar um sucesso mais sublime quando se apoiar em seu valor de verdade. Sem dúvida, muitos milionários gostariam de trocar seus milhões pelo sucesso literário de um Shakespeare ou pelo sucesso espiritual de um Buda, e desse modo considerariam que fizeram um bom negócio. O sucesso espiritual excepcional raramente é acompanhado de riquezas, ainda que de modo nenhum o sucesso financeiro se compare a ele em grandeza e grandiosidade. Mas não trato, neste livro, do sucesso do santo ou do gênio espiritual, mas do sucesso que se refere à saúde, ao bem-estar e à felicidade de homens e mulheres comuns, ou seja, da prosperidade que, embora esteja mais ou menos ligada ao dinheiro — sendo presente e temporal —, ainda assim aí não se limita, mas estende-se e abarca todas as atividades humanas, e que se relaciona particularmente à harmonia do indivíduo com suas circunstâncias, a qual lhe produz aquela satisfação chamada felicidade e àquele conforto conhecido como prosperidade. Para a realização desse fim, tão desejável à grande massa da humanidade, vamos agora ver como os oito princípios atuam, como se ergue e se mantém o teto protetor da prosperidade sobre os pilares nos quais ele se sustenta.

PRIMEIRO PILAR — ENERGIA

A energia é a força que atua em toda realização. O carvão inerte ela converte em fogo, e a água ela transforma em vapor; ela vivifica e intensifica o talento mais comum até que se aproxime do gênio, e quando toca a mente de uma pessoa obtusa transforma em fogo aceso o que antes adormecia inerte.

A energia é uma virtude moral e seu vício oposto é a preguiça. Como uma virtude, pode ser cultivada, e o homem preguiçoso pode se tornar dinâmico ao forçá-lo a aplicar-se a uma atividade. Comparado a um homem dinâmico, o preguiçoso está só meio vivo. Quando esse último está falando sobre a dificuldade de fazer uma coisa, o primeiro a está fazendo. O homem ativo fez uma quantidade considerável de trabalho antes mesmo de o preguiçoso ter se levantado do sono. Enquanto o preguiçoso espera por uma oportunidade, o homem ativo já saiu, encontrou e aproveitou uma dúzia de oportunidades. Ele faz as coisas enquanto o outro ainda está esfregando os olhos.

A energia é uma das forças primárias: sem ela, nada pode ser realizado. É o elemento básico em todas as modalidades de ação. Todo o universo é uma manifestação da energia incansável, ainda que imperceptível. A energia é, na realidade, a vida, e sem ela não existiria nenhum universo, nenhuma vida. Quando um homem para de agir, quando o corpo jaz inerte, e todas as funções cessaram, então dizemos que está morto; e sempre que o homem deixar de agir, estará morto. O homem, mental e fisicamente, é moldado para a ação, e não para refestelar-se no sossego. Cada músculo do corpo (sendo uma alavanca para o esforço) é uma reprimenda para o preguiçoso. Cada osso e cada nervo foram feitos para a resistência; cada função e faculdade existe para um uso legítimo. Todas as coisas têm a ação como finalidade; todas as coisas são aprimoradas no uso.

Sendo assim, para o homem preguiçoso não existe prosperidade, nem felicidade, nem refúgio, nem descanso; para ele, não existe nem mesmo o sossego que tanto cobiça, pois no mínimo ele se torna um sem-teto abjeto, um homem com problemas, despojado, desprezado, de modo que o provérbio se aplica sabiamente: "O preguiçoso é o que mais trabalha" — evitando o trabalho especializado sistemático, atrai sobre si a carga mais pesada.

Ainda assim, mesmo a energia mal aplicada é melhor do que a falta total de energia. Isso é resumido de maneira excepcional por S. João nas palavras: "Assim, porque és morno, e não és frio nem quente, vomitar-te-ei da minha boca".[1] Os extremos de calor e frio aqui simbolizam a ação transformadora da energia, em seus aspectos bom e ruim.

O estágio morno é incolor, inerte, inútil; é quase impossível dizer se tem virtude ou vício, e é meramente vazio estéril, infrutífero. O homem que aplica sua energia abundante em maus fins atrai sobre si, com o próprio poder com que procura alcançar seus fins egoístas, as dificuldades, do-

1 Referência bíblica. Apocalipse 3:16. (N.T.)

res e os sofrimentos que irão obrigá-lo a aprender com a experiência, e assim pelo menos mudar seu modo de agir. No momento certo, quando seus olhos mentais se abrirem para propósitos melhores, ele dará meia-volta e encontrará outros canais mais adequados para fazer fluir seu poder, e será então tão forte no bem quanto anteriormente no mal. Essa verdade é lindamente cristalizada no antigo provérbio: "Quanto maior o pecador, maior o santo".

Energia é poder, e sem ela não há realizações; não há nem mesmo virtude, pois a virtude não só consiste em não fazer o mal, mas também, basicamente, em fazer o bem. Há aqueles que tentam, mas fracassam por aplicarem energia insuficiente. Seus esforços são débeis demais para produzir resultados positivos. Esses não são viciosos, e porque nunca produzem um dano deliberado, normalmente são referidos como homens bons que fracassam. Mas não ter iniciativa para praticar o mal não é ser bom; é apenas ser fraco e impotente. É um bom homem aquele que, tendo o poder para fazer o mal, ainda assim escolhe direcionar suas energias para praticar o bem. Sem um grau considerável de energia, portanto, não há força moral. O bem que existir estará latente e adormecido; o bem não seguirá adiante, assim como não há movimento mecânico sem a energia que o motive.

A energia é a força transformadora das ações de todas as atividades da vida, tanto no sentido material quanto no sentido espiritual. A convocação à ação, que acontece não entre os soldados, mas dos lábios ou da caneta de cada professor em todos os níveis do pensamento, é uma convocação aos homens para despertar sua energia adormecida e executar com vigor a tarefa imediata. Até mesmo os homens de contemplação e meditação nunca cessam de despertar os seus discípulos para exercitarem-se no pensamento meditativo, chamando seus discípulos para despertarem sua energia adormecida e executar com vigor a tarefa imediata. A energia é igualmente necessária em todas as esferas da vida, e não só são as normas do soldado, as normas de ação do engenheiro e do mercador, mas praticamente todos os objetos da percepção dos salvadores, sábios e santos são objetos da percepção de *fazer*.

A energia, ser produtivo, não deve, contudo, ser só direcionada para os fins bons: ela deve ser cuidadosamente controlada e conservada. "A conservação da energia" é um expressivo termo moderno desse princípio da natureza pelo qual nenhuma energia é desperdiçada nem perdida, e o homem cujas energias dão resultados frutíferos deve considerar esse princípio com inteligência. O barulho e a pressa são energia em excesso que tendem ao desperdício. "Mais pressa, menos velocidade." O máximo de barulho normalmente acompanha o mínimo de realização. Com muita conversa há poucas ações. O vapor em ação não é ouvido. É o vapor que escapa que faz um grande barulho. É a pólvora concentrada que impulsiona a bala a seu alvo.

Desde que o homem intensifique suas energias conservando-as, e concentrando-as na realização de seu propósito, assim ele ganha calma e silêncio, em resposta e tranquilidade. É uma grande ilusão que o barulho signifique força. Não importa seu tamanho, os bebês são os mais barulhentos. Embora fisicamente pareça um homem, não passa de um bebê mentalmente, e não tendo força para nada, e nenhum trabalho para mostrar, ele tenta substituir essa falta proclamando ruidosamente o que fez, ou poderia fazer.

"As águas calmas são as mais profundas" e as grandes forças universais são inaudíveis. Onde há calma, há o maior poder. A calma é a indicação segura de uma mente forte, instruída, pacientemente disciplinada. O homem calmo conhece seu trabalho, esteja certo disso. Suas palavras são poucas, mas eloquentes. Seus esquemas são bem planejados e funcionam de verdade, como uma máquina bem equilibrada. Ele vê o longo caminho à frente e segue direto a seu objetivo. O inimigo, a dificuldade, ele converte em amigo, e faz um uso lucrativo dele, pois estudou bem como "conciliar-se com seu adversário, enquanto está no caminho com ele".[2] A exemplo do sábio general, ele previu todas as emergências. Na realidade, ele é *o homem que está preparado de antemão*. Em suas meditações, nos conselhos do seu julgamento, ele avaliou as causas e calculou a tendência de todas as contingências. Ele nunca é pego de surpresa; nunca está com pressa, é seguro em manter o passo e está seguro sobre o chão. Você pode pensar que o surpreendeu, só para descobrir, no momento seguinte, que se equivocou em sua pressa e que foi ele quem o surpreendeu, ou que você, querendo ter calma, apressou-se no dilema que preparou para ele. Seu impulso não vence a deliberação dele, mas é logrado pelo primeiro ataque; sua energia despreparada não consegue desviar o feixe sabiamente direcionado da energia concentrada dele. Ele está "armado da cabeça aos pés". Por meio de um jiu-jítsu adquirido pela autodisciplina, ele enfrenta o adversário de tal modo que aquele se destrói por si mesmo. Censure-o com palavras iradas e a reprovação implícita em sua resposta gentil busca o próprio cerne de sua estupidez, e o fogo de sua raiva afunda nas cinzas do remorso.

Procure-o com uma familiaridade vulgar e o olhar que lhe dará o encherá de vergonha, colocando-o em seu lugar. Assim como está preparado para todos os acontecimentos, ele está pronto para todos os homens, embora nenhum ho-

2 Referência bíblica. Mateus 5:25: "Concilia-te depressa com teu adversário, enquanto estás no caminho com ele, para que não aconteça que o adversário te entregue ao juiz, e o juiz te entregue ao oficial, e te encerrem na prisão". (N.T.)

mem esteja pronto para ele. Toda a fraqueza se trai em sua presença e ele comanda por uma força inerente que a calma tornou habitual e inconsciente.

A calma, que se distingue da placidez mortal do langor, é o cerne da energia concentrada. Há uma inteligência concentrada por trás dela. Na agitação e no excitamento, a inteligência se dispersa. É irresponsável e sem força ou peso. O homem impaciente, irritadiço, resmungão, não tem influência. Ele repele, não atrai. Imagina por que seu vizinho "tranquilo" é bem-sucedido, e é procurado, ao passo que ele, que está sempre apressado, preocupado e problemático, não realiza seus *esforços*, fracassa e é evitado. O vizinho, sendo um homem mais calmo, não mais relaxado do que deliberado, é mais produtivo, trabalha com mais perícia e é mais controlado e admirado por suas qualidades. Essa é a razão de seu sucesso e influência. Sua energia é controlada e usada, ao passo que a energia do outro homem é dispersada e desperdiçada.

A energia, portanto, é o primeiro pilar do templo da prosperidade, e sem ela, como o primeiro e mais essencial equipamento, não pode haver prosperidade. Falta de energia significa falta de capacidade; não há respeito próprio e independência por suas qualidades. Entre os desempregados encontram-se muitos que estão nessa situação pela pura falta dessa primeira energia essencial para o trabalho. O homem que passa muitas horas do dia em uma esquina com as mãos nos bolsos e um cachimbo na boca, esperando que alguém lhe ofereça um copo de cerveja, tem poucas chances de encontrar trabalho, ou de aceitá-lo se lhe aparecer algum. Fisicamente lânguido e mentalmente inerte, a cada dia ele se torna mais o mesmo, tornando-se cada vez menos apto para o trabalho e, portanto, inapto para a vida. O homem dinâmico pode passar por períodos temporários de desemprego e sofrimento, mas é impossível que se torne permanentemente um desempregado. Ele ou encontra trabalho ou o cria, pois a inércia lhe é dolorosa, e o trabalho, um deleite; e aquele que se deleita com o trabalho não permanece muito tempo desempregado.

O preguiçoso não quer estar empregado. Ele está em seu elemento enquanto nada faz. Seu estudo mais importante é sobre como evitar o esforço. Vegetar em semitorpor é sua ideia de felicidade. Ele é inapto e incapaz. Mesmo para os socialistas extremos, que colocam todo o desemprego à porta dos ricos, esse seria um servo preguiçoso, negligente e sem proveito, e assim acrescentariam mais à força dos desempregados; porque a preguiça é um dos menores vícios repulsivos para todos os homens ativos e corretos.

A energia, contudo, é uma força composta. Ela não está sozinha. Envolvidas nela estão as qualidades que contribuem para a composição de um caráter vigoroso e para a produção de prosperidade. Principalmente, essas qualidades estão contidas nas quatro características seguintes:

1. Presteza
2. Vigilância
3. Atividade
4. Seriedade

O Pilar da Energia é, portanto, uma massa de concreto composta de quatro elementos coesos. Essas são qualidades duradouras e calculadas para suportar as condições mais selvagens do tempo da adversidade. Todas contribuem para a vida, para o poder, para a capacidade e para o progresso.

A *presteza* é um bem valioso. Ela gera confiança. As pessoas que são alertas, prontas e pontuais inspiram confiança. É possível confiar nelas para que cumpram seu dever, e que o façam de forma enérgica e bem-feita. Os mestres que são rápidos são um tônico para seus funcionários e um chicote para os que estão inclinados a fugir. Eles são um meio de disciplina rigorosa para aqueles que não teriam outra disciplina. Assim, contribuindo para sua própria utilidade e seu sucesso, eles contribuem para a utilidade e o sucesso dos outros. O trabalhador de pouca utilidade, que está sempre adiando, e que está sempre atrasado, torna-se um incômodo, se não para si mesmo, para os outros, e seus serviços são considerados de pouco valor econômico. A deliberação e a expedição, servas da prontidão, são instrumentos valiosos na conquista da prosperidade. Nos canais comerciais comuns, o entusiasmo é uma economia de energia e a presteza gera lucros. É pouco provável que alguém que sempre adia o que faz seja alguma vez bem-sucedido nos negócios. Ainda não encontrei um assim, apesar de ter conhecido muitas pessoas que fracassaram.

A *vigilância* é o guarda de todas as faculdades e os poderes da mente. É o detetive que impede a entrada de qualquer elemento violento e destrutivo. É o companheiro próximo e protetor de todo sucesso, de toda liberdade e sabedoria. Sem essa atitude vigilante da mente, o homem é um tolo, e não há prosperidade para um tolo. O tolo permite que sua mente seja saqueada e roubada de toda sua gravidade, serenidade e julgamento pelos pensamentos medíocres e pelas paixões violentas que apareçam para molestá-lo. Ele nunca está em guarda, mas deixa abertas as portas da mente a qualquer intruso nefasto. É tão frágil e inconstante que perde o equilíbrio a cada rajada de impulsos que o alcancem. É um exemplo para os outros do que não se deve ser. É sempre um fracasso, pois o tolo é uma ofensa a todos os homens, e não há sociedade que possa recebê-lo com respeito. A sabedoria é o apogeu da força, ao passo que a loucura é o outro extremo da fraqueza.

A falta de vigilância é mostrada na leviandade e em uma folga geral nos detalhes comuns da vida. A imprudência é um outro nome para a loucura. Ela está na raiz de uma grande quantidade de fracassos e tristezas. Ninguém que vise a qualquer tipo de utilidade e de prosperidade (pois a utilidade no corpo político e a prosperidade para si mesmo não têm como coexistir) pode se dar ao luxo de descuidar de suas ações e dos efeitos dessas ações em relação aos outros e a si mesmo. Deve, no início da carreira, despertar para o sentido de sua responsabilidade pessoal. Deve saber que, onde quer que esteja — em casa, no escritório de contabilidade, no púlpito, na loja, na sala de aula ou atrás do balcão, em companhia de alguém ou sozinho, no trabalho ou no lazer —, seu comportamento afetará significativamente sua carreira para o bem ou para o mal, pois há uma sutil influência no comportamento que deixa sua impressão em cada homem, mulher e criança que toque, e essa impressão é o fator determinante na atitude das pessoas em relação umas às outras. É por essa razão que o cultivo das boas maneiras desempenha um papel tão importante em toda sociedade coerente. Se você carrega consigo um transtorno mental perturbador ou desagradável, ele não precisa ser identificado e reconhecido para instilar veneno em seus assuntos. Sua influência corrosiva vai influenciar seus esforços e desfigurar sua felicidade e sua prosperidade, assim como o ácido corrói e desfigura o melhor aço. Por outro lado, se você carrega uma excelência mental confiável e harmoniosa, não é preciso que as pessoas em seu redor a compreendam para serem influenciadas por ela. Elas serão atraídas para você de boa vontade, muitas vezes sem saber por quê, e essa boa qualidade vai ser o atrativo mais importante de todos seus interesses, atraindo amigos e oportunidades, ajudando muito no sucesso de todos seus empreendimentos. Poderá até mesmo corrigir suas deficiências secundárias, encobrindo um grande número de defeitos.

Assim recebemos das mãos do mundo segundo a medida de nossa doação. Para os maus, o mal; para os bons, o bem. Para a conduta insuficiente, a influência indiferente e o sucesso imperfeito; para a conduta superior, o poder duradouro e a realização consumada. Nós agimos, e o mundo responde. Quando o homem insensato falha, acusa outra pessoa, e não vê o erro em si mesmo, mas o homem sábio observa e se corrige, e essa é a garantia do sucesso.

O homem cuja mente está vigilante e alerta tem, assim, um equipamento valioso para a consecução de seus objetivos; e, se for totalmente alerta e vigilante em todas as ocasiões, a todas as oportunidades, e contra todos os defeitos perniciosos do caráter, que evento, que circunstância, que inimigo devem superá-lo e encontrá-lo despreparado? O que o impedirá de alcançar legitimamente o que pretende?

A *atividade* traz alegria e abundância. As pessoas vigorosamente trabalhadoras são os integrantes mais felizes da comunidade. Elas não são sempre as mais ricas, se por riqueza entendemos o excesso de dinheiro, mas são sempre as mais alegres e felizes, e as mais satisfeitas com o que fazem e têm, e são, portanto, as mais ricas, se por mais rico entendermos mais abundantemente abençoado. As pessoas ativas não têm tempo para ficar à toa e pensando, ou para demorar-se egoisticamente em suas doenças e seus problemas. As coisas mais utilizadas são mantidas mais brilhantes, e as pessoas mais ocupadas conservam melhor seu brilho e dinamismo do espírito. As coisas não utilizadas mancham-se mais rapidamente, e aquele que mata o tempo é atacado pelo tédio e por fantasias mórbidas. Falar em ter de "matar o tempo" é quase uma confissão de imbecilidade; pois quem, na curta vida a sua disposição, e em um mundo tão inundado com recursos do saber, com uma cabeça boa e um bom coração poderá preencher todos os momentos de cada dia útil e feliz, e caso se refira ao tempo afinal, será no sentido de que é demasiado curto para permitir que faça tudo o que gostaria de fazer.

A atividade também promove a saúde e o bem-estar. O homem ativo vai para a cama todas as noites cansado; seu descanso é profundo e doce, e ele acorda cedo pela manhã, recuperado e forte para mais um dia de labuta agradável. Seu apetite e sua digestão são bons. Ele sabe aproveitar o tempero da recreação e um bom tônico na labuta. Que companhia pode encontrar tal homem na depressão e na melancolia? Esses espíritos mórbidos andam em torno daqueles que pouco fazem e jantam excessivamente. As pessoas que se tornam úteis para a comunidade recebem em troca sua cota de saúde, felicidade e prosperidade. Elas iluminam a tarefa diária e mantêm o mundo em movimento. São o ouro da nação e o sal da terra.

"A *seriedade*", disse um Grande Mestre, "é o caminho da imortalidade. Aqueles que são sérios não morrem; aqueles que não são sérios são como se já estivesse mortos." A seriedade é a dedicação da mente toda a sua tarefa. Só vivemos naquilo que fazemos. As pessoas sérias ficam insatisfeitas com menos que a mais alta excelência em tudo o que fazem, e sempre alcançam a excelência. Em número maior são as pessoas descuidadas e indecisas, tão satisfeitas com um fraco desempenho que os mais sérios brilham distantes em sua excelência. Essas pessoas estão sempre cheias de "vagas" nas fileiras da utilidade e de serviços para as pessoas sérias. Nunca houve e nunca haverá um homem ou uma mulher profundamente sério que não atenda satisfatoriamente algum âmbito adequado. Essas pessoas são escrupulosas, conscientes e cuidadosas, e não conseguem descansar enquanto não esteja feito o melhor, e o mundo inteiro está sempre à espreita para premiar os melhores. Está sempre disposto a pagar o preço integral: em dinheiro, fama, amigos, influência, felicidade alcance ou a vida, para aqueles que se superam em excelência, seja em coisas materiais, intelectuais ou espirituais. Quem quer que seja você — comerciante ou professor — seguramente poderá dar o melhor de si para o mundo, sem nenhuma dúvida e sem receio. Se a indelével marca de seu fervor estiver em seus produtos, no primeiro caso, ou em suas palavras, no segundo, sua empresa irá prosperar ou seus preceitos viverão.

As pessoas sérias fazem progressos rápidos, tanto em seu trabalho quanto em seu caráter. É assim que elas vivem, e "não morrem", pois a estagnação é a morte, e onde há progresso incessante e excelência sempre crescentes a estagnação e a saúde são engolidas na atividade e na vida.

Assim são explicadas a produção e a construção do Primeiro Pilar. Aquele que o construir bem, e o mantiver firme e ereto, terá um sustentáculo poderoso e duradouro nas atividades de sua vida.

SEGUNDO PILAR — ECONOMIA

Diz-se que a natureza não conhece o vácuo. Ela também não conhece desperdício. Na economia divina, tudo na natureza é preservado e aproveitado. Até mesmo os excrementos são quimicamente transformados e utilizados na construção de novas formas. A natureza destrói todas as impurezas, e não pela aniquilação, mas sim pela transmutação, suavizando-as e purificando-as, fazendo-as servir aos fins de coisas belas, úteis e boas.

Essa economia que, na natureza, é um princípio universal, é no homem uma qualidade moral, e é essa qualidade que preserva suas energias e sustenta seu lugar como uma unidade de trabalho no esquema das coisas.

A economia financeira é apenas um fragmento desse princípio, ou melhor, é um símbolo material dessa economia, que é puramente mental, e de suas transmutações espirituais. O economista financeiro troca cobres por prata, prata por ouro, ouro por notas, e as notas ele converte em números de uma conta bancária. Por essas conversões do dinheiro em formas mais facilmente transmissíveis, ele é quem ganha na gestão financeira de seus negócios. O economista espiritual transforma paixões em inteligência, a inteligência em princípios, os princípios em sabedoria, e a sabedoria se manifesta em ações, que são poucas, mas de efeito poderoso. Por todas essas transmutações, ele é quem ganha em matéria de caráter e na gestão de sua vida.

A economia verdadeira é o caminho do meio em todas as coisas, materiais ou mentais, entre os resíduos e a retenção indevida. O que é desperdiçado, seja dinheiro, seja energia mental, torna-se impotente; o que é retido de maneira egoísta e acumulado é igualmente impotente. Para garantir o poder, seja de capital, seja de inteligência, é preciso haver concentração, mas a concentração deve ser seguida pelo uso legítimo. A acumulação de dinheiro ou de energia é apenas um meio; o fim é o uso; e é só o uso que produz a energia.

Uma economia em todas as direções consiste em encontrar o caminho do meio nestas sete coisas: *Dinheiro, Alimento, Vestuário, Recreação, Descanso, Tempo e Energia.*

O *dinheiro* é o símbolo de troca e representa o poder de compra. Quem está ansioso para adquirir a riqueza financeira, bem como aquele que pretende evitar o endividamento, deve estudar como repartir suas despesas de acordo com sua renda, de forma a deixar uma margem cada vez maior de capital de giro, ou ter uma pequena reserva sempre à mão para qualquer emergência. O dinheiro gasto em despesas impensadas — em prazeres inúteis ou luxos prejudiciais — é desperdício de dinheiro e poder destruído; pois, embora seja uma poder limitado e subordinado, os meios e a capacidade de compra legítima e virtuosa são, não obstante, um poder, e um poder que se manifesta em grande parte nos detalhes de nossa vida cotidiana. O gastador nunca pode ficar rico; se começar com riquezas, em breve se tornará pobre. O avarento, com todos seus guardados em ouro, não pode ser considerado rico, pois está sempre querendo mais, e seu ouro, encontrando-se ocioso, está privado de seu poder de compra. O racional e prudente está no caminho da riqueza, pois, enquanto gasta com sensatez, economiza cuidadosamente e, pouco a pouco, amplia seus domínios à medida que seus meios permitem.

O homem pobre que queira tornar-se rico deve começar por baixo e não querer parecer rico tentando algo muito além de seus recursos. Há sempre muito espaço e alcance na base, e esse é um lugar seguro para começar, uma vez que não há nada abaixo e tudo acima. Muitos jovens homens de negócios perdem tudo de uma vez pela arrogância de mostrar o que imaginam insensatamente ser necessário para o sucesso, mas acabam não enganando ninguém, apenas a si mesmos, o que os leva rapidamente à ruína. Um começo modesto e verdadeiro, em qualquer esfera, garantirá melhor êxito do que a propaganda exagerada de solidez e importância. Quanto menor o capital, menor deve ser o alcance das operações. Capital e alcance são como mão e luva, e devem se encaixar perfeitamente. Concentre seu capital dentro de seu círculo de força de trabalho e, por mais circunscrito que esse círculo possa ser, ele continuará a se ampliar e estender à medida que o impulso acumulado de poder o pressionar a se manifestar.

Acima de tudo, cuide sempre de evitar os dois extremos da avareza e da prodigalidade.

O *alimento* representa a vida, a vitalidade e a força física e mental. Há um caminho do meio no comer e beber, como em tudo. O homem que queira alcançar a prosperidade tem de ser bem nutrido, mas não superalimentado. O homem que faz seu corpo passar fome, seja pela avareza, seja pelo ascetismo (ambas as formas de falsa economia), diminui sua energia mental e torna seu corpo muito debilitado para ser o instrumento para qualquer realização importante. Tal homem cultiva uma mente doentia, uma condição favorável apenas ao fracasso.

O glutão, no entanto, destrói a si mesmo por excesso. Seu corpo se torna um reservatório bestializado de venenos armazenados, que atraem doenças e a corrupção, ao passo que sua mente se torna cada vez mais brutalizada e confusa e, por conseguinte, mais incapaz. A gula é um dos vícios mais baixos e mais animalescos, e é execrável para todos os que buscam um curso moderado.

Os melhores trabalhadores e os homens mais bem-sucedidos são aqueles que são mais moderados no comer e beber. Ao ingerir alimento suficiente, mas não demasiado, eles atingem a aptidão física e mental máxima. Sendo assim bem-equipados pela moderação, eles são capazes de travar com determinação e com alegria a luta pela vida.

O *vestuário* é a cobertura e a proteção para o corpo, embora seja muitas vezes destituído dessa finalidade econômica e transformado em um meio de exibição vã. Os dois extremos que devem ser evitados nesse caso são a negligência e a vaidade. O vestuário personalizado não pode, e não precisa, ser ignorado; e a limpeza é muito importante. O homem ou a mulher despenteados e malvestidos convidam o fracasso e a solidão. O vestuário deve se harmonizar com a posição na vida e ser de boa qualidade, bem-feito e apropriado. A roupa não deve ser posta de lado enquanto for relativamente nova, mas deve ser bem gasta. Se o homem for pobre, não vai perder nem em respeito por si mesmo nem no respeito dos outros usando roupas surradas, se estiver limpo e todo seu corpo estiver limpo e arrumado. A vaidade, porém, levando ao luxo excessivo no vestuário, é um vício que deve ser evitado pelas pessoas virtuosas. Conheço uma senhora que tinha quarenta vestidos em seu armário;

também um homem que tinha vinte bengalas, aproximadamente o mesmo número de chapéus e algumas dezenas de impermeáveis, ao passo que outro tinha cerca de vinte ou trinta pares de botas. As pessoas ricas que desperdiçam dinheiro assim, com pilhas de roupas supérfluas, estão cortejando a pobreza, pois isso é desperdício, e o desperdício leva à carência. O dinheiro gasto tão descuidadamente poderia ser mais bem utilizado, pois o sofrimento é abundante e a caridade é nobre.

Uma exibição indiscreta em matéria de roupas e joias indica uma mente vulgar e vazia. As pessoas modestas e cultas são discretas e decorosas em suas roupas e seu dinheiro economizado é sabiamente utilizado no reforço de sua cultura e de sua virtude. Educação e progresso são de maior importância para elas do que um traje inútil e desnecessário; e a literatura, a arte e a ciência são assim incentivados. O verdadeiro requinte está na mente e no comportamento, e uma mente dotada de força e inteligência não pode aumentar a sua atração (embora possa afastar-se dela) pela ostentação do corpo. O tempo gasto inutilmente em adornar o corpo poderia ser mais proveitosamente empregado. A simplicidade no vestuário, como em outras coisas, é o melhor. Ela chega ao ponto da excelência na utilidade, no conforto e na graça corporal, e denuncia o verdadeiro bom gosto e o requinte cultivados.

A *recreação* é uma das necessidades da vida. Todo homem e toda mulher devem ter algum trabalho definitivo como o objetivo principal da vida, e ao qual dedicar uma quantidade considerável de tempo, mas com períodos determinados e limitados de lazer e descanso. O objetivo do lazer é um maior relaxamento do corpo e da mente, o que contribui para aumentar a energia no trabalho sério. A recreação é, portanto, um meio e não um fim; e deve-se sempre ter isso em mente, pois, para muitos, algumas formas de lazer inocentes são tão boas em si mesmas que se tornam fascinantes a ponto de oferecer o perigo de tornar-se a finalidade da vida, perdendo, assim, a condição de prazer. Fazer da vida uma sequência interminável de jogos e prazeres, sem nenhum outro objetivo, é colocá-la de cabeça para baixo, por assim dizer, produzindo monotonia e tensão. As pessoas que fazem isso são as mais infelizes dentre os mortais e sofrem de apatia, tédio e irritabilidade. Assim como o molho auxilia a digestão, a recreação é um complemento da vida, e só pode levar à miséria quando transformada no trabalho pela vida. Depois de ter completado o dia, o homem pode se voltar para o lazer com a mente livre e o coração leve, e tanto seu trabalho quanto seu prazer serão uma fonte de felicidade.

É uma verdadeira economia nesse aspecto não dedicar todo o tempo nem ao trabalho nem ao lazer, mas dedicar a cada um seu tempo e lugar; e assim preencher a vida com essas mudanças, que são necessárias para uma vida longa e uma existência frutífera.

O lazer é um poderoso rejuvenescedor e quem trabalha com a mente ganha tanto em qualidade como em quantidade de trabalho, dispondo dele na hora marcada para a recreação repousante e refrescante; ao passo que quem trabalha com a força física irá melhorar em todos os sentidos, transformando alguma forma de estudo em um passatempo ou meio de educação.

Como não gastamos todo nosso tempo em comer ou dormir ou descansar, também não devemos gastá-lo só nos exercícios ou no prazer, mas devemos dar à recreação seu devido lugar, como um tônico natural na programação econômica de nossa vida.

O *descanso* é para a recuperação após a labuta. Todo ser humano que tem respeito por si mesmo deve fazer um trabalho suficiente todos os dias para tornar seu sono tranquilo e acordar descansado e bem lúcido.

Deve-se dormir o suficiente, mas não exageradamente. O abuso, por um lado, e a privação, por outro, são prejudiciais. É fácil descobrir de quanto sono se precisa. Indo para a cama cedo e acordando cedo (levantando um pouco mais cedo todas as manhãs, caso se tenha o hábito de passar longas horas na cama), pode-se em pouco tempo avaliar com precisão e ajustar o número de horas de que se necessita para a completa recuperação. Isso se descobre quando as horas de sono são encurtadas e o sono torna-se cada vez mais profundo e agradável, e ao acordar estamos cada vez mais atentos e capazes. As pessoas que queiram prosperar no trabalho não devem desistir de eliminar os excessos no sono. O trabalho produtivo, não o descanso, é o verdadeiro fim da vida, e o descanso só é bom na medida em que se submete aos objetivos do trabalho. Preguiça e prosperidade não podem nunca ser companheiras e nunca nem sequer se aproximar uma da outra. O preguiçoso nunca alcançará o sucesso, mas o fracasso o alcançará rapidamente, deixando-o derrotado. O descanso é para nos preparar para mais trabalho e não para nos mimar na indolência. Quando o vigor corporal é restaurado, o descanso está cumprido. Um equilíbrio perfeito entre trabalho e descanso contribui consideravelmente para a saúde, a felicidade e a prosperidade.

O *tempo* é o que todos nós possuímos em igual medida. O dia não é alongado para nenhum homem. Devemos, portanto, cuidar de não perder seus preciosos minutos em desperdício inútil. Aquele que passa seu tempo mimando a si mesmo e buscando o prazer acaba se vendo velho e sem nada realizado. Aquele que preenche plenamente os minutos com atividades úteis à medida que eles vêm e vão envelhece com honra e sabedoria e alcança a prosperidade. O dinheiro desperdiçado pode ser recuperado; a saúde perdida pode ser recuperada; mas o tempo perdido nunca poderá ser recuperado.

É um velho ditado que "tempo é dinheiro". O tempo é, da mesma maneira, saúde, vigor, talento, gênio e sabedoria, de acordo com a maneira como é usado. Para usá-lo corretamente, os minutos devem ser aproveitados no momento em que se sucedem, pois depois que passam nunca mais poderão ser recuperados. O dia deve ser dividido em partes e tudo — trabalho, lazer, refeições, recreação — deve ser feito em seu devido tempo; e o tempo de *preparação* não deve ser esquecido ou ignorado. O que quer que o homem faça, fará melhor e com mais sucesso utilizando alguma pequena parte do dia na preparação de sua mente para o trabalho. O homem que levanta cedo para pensar e planejar, analisar e prever, sempre manifestará maior habilidade e sucesso no que praticar, ao contrário daquele que permanece na cama até o último momento e só se levanta no instante de tomar o café da manhã. Uma hora gasta desse modo se mostrará de maior valor, tornando seus esforços mais produtivos. Esse é um meio de acalmar e clarear a mente, e de concentrar as energias, de modo a torná-las mais potentes e eficazes. O maior e mais duradouro sucesso é o que se produz antes das oito horas da manhã. Aquele que está no trabalho às seis da manhã, com as outras condições iguais, estará sempre um longo caminho à frente do homem que se acha na cama às oito. O tempo perdido será uma grande desvantagem na corrida pela vida. Dá ao concorrente madrugador duas ou três horas de vantagem a cada dia. Como ele pode ter a esperança de ganhar com essa desvantagem autoimposta a seu tempo? Ao final de um ano, as duas ou três horas de diferença no começo de cada dia apresentam-se como um sucesso que é a síntese dos resultados acumulados. Qual, então, deverá ser a diferença entre os esforços desses dois homens no final, digamos, de vinte anos? Aquele que fica na cama, além disso, depois que se levanta, está sempre com pressa, tentando recuperar o tempo perdido, o que resulta em mais perda de tempo, pois a pressa sempre prejudica seu próprio fim. O madrugador, que assim economiza seu tempo, não tem necessidade de se apressar, pois está sempre à frente, sempre de bem com seu trabalho; ele pode muito bem se dar ao luxo de ter calma e tranquilidade, e fazer com cuidado e bem-feitas as tarefas imediatas, pois seu bom hábito se mostra no final do dia sob a forma de um estado de espírito feliz e em maiores resultados na forma de trabalho feito com habilidade e com sucesso.

Na economia de tempo também haverá muitas coisas que o homem terá de eliminar de sua vida; alguns interesses que ele adora e quer manter, mas terá de sacrificar em nome da finalidade principal de sua vida. A eliminação calculada dos itens não essenciais da vida diária é um fator vital em todas as grandes realizações. Todos os grandes homens são adeptos desse tipo de economia, que desempenha um papel importante na construção de sua grandeza. É uma forma de economia que também se aplica à mente, às ações e à fala, eliminando tudo o que for supérfluo e que impeça, e não sirva, o fim visado. As pessoas tolas e sem sucesso falam de maneira descuidada e sem rumo, agem de qualquer maneira e sem sentido, e permitem que tudo o que se apresente, seja bom, mau ou diferente, se aloje em sua mente.

A mente daquele que sabe economizar de verdade é como uma peneira, que deixa passar tudo a não ser o que é de utilidade para si e para o negócio de sua vida. Ele também só emprega as palavras necessárias e não apenas as ações necessárias, minimizando o atrito e, assim, muito desperdício de energia.

Ir para a cama na hora de dormir e levantar-se na hora certa de acordar, preencher cada minuto de trabalho com pensamentos determinados e com ação efetiva, essa é a verdadeira economia de tempo.

A *energia* é economizada pela formação de bons hábitos. Todos os vícios são um gasto irresponsável de energia. A energia suficiente é absurdamente desperdiçada com maus hábitos, impedindo que os homens se realizem com o máximo de sucesso, que só se alcança se ela for conservada e usada no sentido correto. Se a economia for praticada nos seis pontos já considerados, muito será feito na preservação das próprias energias, mas o homem deve ir ainda mais longe e cuidadosamente administrar sua vitalidade, evitando todas as formas de abusos e impurezas, mas também todos os vícios mentais, como a pressa, a preocupação excessiva, a excitação, o desânimo, a raiva, a lamentação e a inveja — que empobrecem a mente e a tornam imprópria para qualquer obra importante ou feito admirável. Essas são formas comuns de dissipação mental que um homem de caráter deve estudar como evitar e superar.

A energia perdida em acessos frequentes de mau humor, se controlada e bem direcionada, proporciona ao homem força de espírito, força de caráter e muito poder para realizar. O homem com raiva é um homem forte que se torna fraco pela dissipação de sua energia mental. Ele precisa de autocontrole para manifestar sua força. O homem calmo é sempre superior em qualquer área da vida e sempre terá precedência, tanto no sucesso quanto na avaliação dos outros. Nenhum homem pode se dar ao luxo de dispersar suas energias em promover maus hábitos e más tendências mentais. Todo o vício, por mais que pareça pequeno, agirá contra ele na luta pela vida. Todos os abusos prejudiciais se voltarão contra ele na forma de algum problema ou fraqueza. Cada momento de revolta ou de favorecimento a suas inclinações inferiores fará seu progresso mais trabalhoso e o impedirá de escalar o ponto mais alto de seu desejo de realização. Por outro lado, quem economiza suas energias e as direciona para a tarefa principal de sua vida fará um progresso rápido e nada o impedirá de chegar ao território dourado do sucesso.

Vimos que a economia é algo muito mais profundo e abrangente do que a poupança apenas de dinheiro. Ela abrange cada parte de nossa natureza e todas as fases de nossa vida. O velho ditado "Cuide dos centavos que as centenas cuidarão de si mesmas" pode ser considerado como uma parábola, pois as paixões inferiores são como uma energia primitiva; é o abuso dessa energia que é ruim, e se essa energia pessoal for controlada, armazenada e transformada, reaparecerá como força de caráter. Desperdiçar essa energia valiosa na satisfação de vícios é como perder um centavo e assim perder as centenas; mas cuidar dela para bons usos é armazenar os centavos das paixões e assim ganhar as centenas em bens em ouro. Cuide, portanto, das energias inferiores e as grandes conquistas cuidarão de si mesmas.

Depois de erigir o Pilar da Economia, descobriremos que ele é composto em grande parte das quatro características seguintes:

1. Moderação
2. Eficiência
3. Engenhosidade
4. Originalidade

A *moderação* é o núcleo poderoso da economia. Ele evita extremos, encontrando o caminho do meio em todas as coisas. Também consiste em abster-se do desnecessário e prejudicial. Não pode haver algo como a moderação do que é ruim, pois isso seria excesso. A moderação de verdade abstém-se do mal. Não é um uso moderado de fogo pôr as mãos nele, mas aquecê-las com ele a uma distância segura. O mal é um fogo que queima o homem que o toca. Um luxo nocivo fica melhor deixado a distância. Fumar, cheirar rapé, ingerir bebidas alcoólicas, participar de jogos de azar e outros vícios comuns, apesar de terem arrastado milhares para a doença, a miséria e o fracasso, nunca ajudaram ninguém a conseguir saúde, felicidade e sucesso. O homem que os evita estará sempre à frente do homem que os persegue, ainda que seus talentos e oportunidades sejam iguais. Saudáveis, felizes e com vida longa são as pessoas moderadas e comedidas em seus hábitos. Com a moderação, as forças vitais são preservadas; com o excesso, são destruídas. Também os homens que carregam a moderação em seus pensamentos, acalmando suas paixões e seus sentimentos, evitando os extremos prejudiciais e as sensações e os sentimentos mórbidos, agregam conhecimento e sabedoria à felicidade e à saúde, e assim atingem a maior felicidade e o maior poder. O imoderado destrói-se por sua própria loucura. Enfraquece suas energias e neutraliza suas capacidades; e, em vez de alcançar um sucesso duradouro, atinge apenas, na melhor das hipóteses, uma prosperidade irregular e precária.

A *eficiência* deriva da correta conservação de suas forças e seus poderes. Toda habilidade compreende o uso da energia concentrada. A qualificação superior, como talento e gênio, compreende um maior grau de força concentrada. Os homens são sempre hábeis naquilo que amam, porque a mente está quase incessantemente centrada nisso. A habilidade é o resultado da economia mental, que transmuta o pensamento em ação e invenção. Não há prosperidade sem habilidade, e a prosperidade acontece na medida da habilidade. Por um processo de seleção natural, o ineficiente cai em seu devido lugar. Entre os mal pagos ou desempregados, quem empregará um homem que não pode fazer ou não faz seu trabalho corretamente? Ocasionalmente, o empregador pode manter esse homem por caridade, mas isso é excepcional, pois empresas, escritórios, residências e todos os centros de atividade organizada não são instituições de caridade, mas instituições produtivas, que se sustentam ou fracassam de acordo com a aptidão e a eficiência de seus integrantes.

A habilidade se adquire pela reflexão e pela atenção. As pessoas sem objetivo e desatentas geralmente estão desempregadas — ficando sem o que fazer na esquina da rua. Essas pessoas não são capazes de fazer até as coisas mais simples de forma adequada, porque não despertam a mente para a reflexão e para a atenção. Recentemente, um conhecido meu empregou um vagabundo para limpar as janelas, mas o homem tinha deixado de trabalhar e se concentrar por tanto tempo que tornou-se incapaz das duas coisas e nem sequer conseguia limpar uma janela. Mesmo quando lhe mostraram como fazê-lo, ele não era capaz de seguir as instruções. Esse é um exemplo, também, de que até a coisa mais simples exige um grau de competência para ser feita.

A eficiência determina em grande parte a posição de um homem entre seus pares e o leva, passo a passo, a posições mais altas à medida que se desenvolvem maiores poderes. O bom trabalhador é hábil com suas ferramentas, e o homem bom é hábil com seus pensamentos. A sabedoria é a modalidade mais elevada da habilidade. A aptidão é a sabedoria incipiente. Existe apenas *uma* maneira certa para fazer tudo, até as menores coisas, e milhares de maneiras erradas. A habilidade consiste em encontrar a maneira certa e mantê-la. A pessoa ineficiente se confunde entre as cerca de mil maneiras erradas e não adota a certa, mesmo quando lhe indicam como fazer. Ela faz isso em alguns casos porque, a seu ver, em sua ignorância, pensa que sabe mais, colocando-se numa posição em que se torna impossível aprender, mesmo que seja só para saber como limpar uma janela ou varrer o chão. A negligência e a ineficiência são muito comuns. Há muito espaço no mundo para o que é comum. Há muito espaço no mundo para as pessoas atentas e eficientes. Os empregadores de mão de obra sabem como é difícil obter o melhor profissional. O bom trabalhador, seja com instrumentos, seja com o cérebro, mesmo com a fala ou o pensamento, sempre encontrará um lugar para o exercício de suas competências.

A *engenhosidade* é o resultado da eficiência. Ela é um elemento importante para a prosperidade, pois o homem engenhoso nunca é esquecido. Ele pode até cair muitas vezes, mas estará sempre à altura da ocasião, e se reerguerá imediatamente. A engenhosidade tem sua causa fundamental na conservação da energia. É uma energia transmutada. Quando um homem elimina certos vícios mentais ou corporais que lhe esgotavam a energia, o que acontece com a energia conservada? Não é destruída ou perdida, pois a energia não pode ser destruída ou perdida. Ela se transforma em energia produtiva. Reaparece na forma de pensamento fecundo. O homem virtuoso é sempre mais bem-sucedido do que o homem viciado, porque é cheio de recursos. Sua inteligência é viva e vigorosa, com abundante energia armazenada. O que o homem viciado desperdiça em abusos estéreis, o homem virtuoso utiliza em seu trabalho produtivo. Uma nova vida e um mundo novo, cheios de oportunidades fascinantes e puro prazer, abrem-se para o homem que se afasta do velho mundo do vício animal, e seu lugar estará assegurado pelos recursos que traz dentro de si. A semente estéril perece na terra, não há lugar para ela na economia fecunda da natureza. As mentes estéreis afundam na luta pela vida. A sociedade humana trabalha para o bem e não há lugar nela para o vazio gerado pelo vício. A mente árida não irá, contudo, afundar para sempre. Quando quiser, poderá tornar-se fecunda e recuperar-se. Pela própria natureza da existência, pela lei eterna do progresso, o homem viciado *deve* cair; mas, depois de caído, poderá levantar-se novamente. Poderá passar do vício à virtude, e se manter, respeitando a si mesmo e seguro, à custa de seus próprios recursos.

Os homens engenhosos inventam, descobrem, tomam a iniciativa. Eles não podem fracassar, pois estão no fluxo do progresso. Estão cheios de novos esquemas, novos métodos, novas esperanças, e sua vida é muito mais completa e rica assim. São homens de mentes flexíveis. Quando um homem não consegue melhorar seu negócio, seu trabalho, seus métodos, ele cai fora da linha do progresso e começa a fracassar. Sua mente tornou-se dura e inerte como o corpo de um homem idoso e, assim, não consegue manter o ritmo das ideias que avançam rapidamente e dos planos das mentes engenhosas. Uma mente engenhosa é como um rio que nunca seca e que oferece um refresco e fornece um novo vigor em épocas de seca. Os homens engenhosos são homens de ideias novas e os homens de ideias novas florescem onde outros recuam e entram em decadência.

A *originalidade* é a engenhosidade amadurecida e aperfeiçoada. Onde há originalidade existe um gênio, e os homens de gênio são as luzes do mundo. Em qualquer trabalho que faz, o homem recorre a seus próprios recursos. Apesar de aprender com os outros, ele não deve imitá-los, mas colocar-se em seu trabalho e assim torná-lo novo e original. Os homens originais são notados pelo mundo. Podem ser negligenciados no início, mas sempre acabam por ser aceitos e tornam-se padrões para a humanidade. Depois de adquirir o dom da originalidade, eles tomam seu lugar como líderes entre os homens em sua atividade específica, por seu conhecimento e habilidade. A originalidade, contudo, não pode ser forçada, só pode ser desenvolvida; e é desenvolvida pelo processo de aprimoramento da excelência, subindo na escala da habilidade pelo uso pleno e correto de seus poderes mentais. Deixe um homem se dedicar a seu trabalho, deixe que ele, assim dedicado, concentre todas suas energias no trabalho, e chegará o dia em que o mundo irá saudá-lo como um de seus filhos fortes; e que ele também, como Balzac, que, depois de muitos anos de árdua labuta, um dia exclamou: "Estou prestes a me tornar um gênio!", ao menos descubra, para sua alegria, que entrou para a companhia das mentes originais, os deuses que conduzem a humanidade por novos caminhos, mais elevados e benéficos.

A composição do Segundo Pilar é assim revelada. Sua construção espera o trabalhador pronto, que aplicará habilmente suas energias mentais.

TERCEIRO PILAR — INTEGRIDADE

Não há como fazer um acordo vantajoso com a prosperidade. A prosperidade deve ser adquirida, não só com o trabalho inteligente, mas com a força moral. Assim como a bolha não é capaz de resistir por muito tempo, também a fraude não é capaz de prosperar. Entra-se num surto febril para conseguir dinheiro e depois tudo desaba. Não se ganhou nada, nunca se ganha, por meio da fraude. Ela é desmascarada pelo tempo, para ser devolvida com juros pesados.

A fraude, contudo, não se limita ao vigarista sem escrúpulos. Todos os que ganham dinheiro, ou tentam ganhar, sem dar em troca algo equivalente, estão praticando fraude, tenham ou não consciência disso. Os homens que planejam ansiosamente conseguir dinheiro sem trabalhar por ele são fraudes, e mentalmente aliam-se de perto ao ladrão e ao trapaceiro, sob cuja influência viverão e que, cedo ou tarde, os privarão de seu capital. O que é um ladrão, a não ser um homem que recorre a sua lógica para privar os outros de seu capital. O que é um ladrão, a não ser um homem que leva sua lógica ao extremo desejo de possuir, sem dar um retorno justo — ou seja, ilegalmente? O homem que corteja a prosperidade deve, em todas suas transações, quer sejam materiais ou mentais, estudar como dar um retorno justo em troca do que recebe. Esse é o grande princípio fundamental de todo comércio honesto, ao passo que, no âmbito espiritual, torna-se fazer aos outros aquilo que gostaríamos que nos fizessem. Aplicado às forças do universo, é cientificamente indicado na fórmula: "ação e reação se equivalem".

A vida humana é recíproca, não predatória, e o homem que considera todos os outros como sua presa legítima em breve vai se encontrar preso no deserto da ruína, longe do caminho da prosperidade. Ele está muito atrás no processo da evolução para lidar satisfatoriamente com o homem honesto. Os mais aptos, os melhores, sempre sobrevivem, e ele, sendo o pior, não pode, portanto, continuar. Seu fim, a menos que mude a tempo, tão certo como sua meta, será o casebre imundo, ou o lugar dos banidos abandonados. Seus esforços são destrutivos, e não construtivos, e ele assim destrói a si mesmo.

Foi Carlyle que, referindo-se a Maomé ser então universalmente considerado pelos cristãos como um impostor, exclamou: "Um impostor fundou uma religião! Um impostor não poderia construir uma casa de tijolos". Um impostor, um mentiroso, uma fraude, o homem da desonestidade não pode construir, uma vez que não tem nem ferramentas nem material com que construir. Ele não pode mais constituir um negócio, um caráter, uma carreira, um sucesso, do que pode fundar uma religião ou construir uma casa de tijolos. Ele não só não constrói, como todas suas energias estão empenhadas em prejudicar o que os outros construíram, — mas, desde que sua existência é impossível, ele prejudica a si mesmo.

Sem a integridade, a energia e a economia acabam falhando, mas ajudadas pela integridade, sua força será grandemente aumentada. Não há um só momento na vida em que o fator moral não desempenhe um papel importante. A integridade legítima é evidente onde quer que exista, e põe sua marca registrada em todas as transações; e faz isso por causa de sua maravilhosa coerência e consistência, de sua força invencível. Pois o homem de integridade está em conformidade com as leis determinadas das coisas — não apenas com os princípios fundamentais em que se assenta a sociedade humana, mas com as leis que mantêm o vasto universo unido. Quem deve definir isso desde o início? Quem, então, prejudicará o homem de integridade ilibada? Ele é como uma árvore cujas raízes fortes são alimentadas por nascentes perenes e que nenhuma tempestade pode derrubar.

Para ser completa e forte, a integridade deve abraçar o homem por completo e se estender a todos os detalhes de sua vida; e assim deve ser completamente e permanente de modo a suportar todas as tentações para desviar-se de um compromisso. Falhar em um ponto é falhar em tudo, e admitir, sob pressão, um compromisso com a mentira, por mais necessária e mais insignificante que pareça, é derrubar o escudo da integridade e ficar exposto às investidas do mal.

O homem que trabalha assim tão cuidadosa e conscientemente quando seu empregador está longe tanto quando tem seus olhos sobre ele não ficará por muito tempo em uma posição inferior. Essa integridade no dever, na realização dos detalhes de sua obra, rapidamente o leva às regiões férteis da prosperidade.

O enganador, por outro lado — aquele que não tem escrúpulos ao negligenciar seu trabalho quando o empregador não se encontra presente, assim roubando ao empregador o tempo e o trabalho para o qual é pago —, rapidamente irá para o terreno árido do desemprego e buscará em vão pelo trabalho necessário.

Chegará um tempo também, para o homem que não esteja profundamente enraizado em sua integridade, em que parecerá necessário a suas perspectivas e sua prosperidade que deva mentir ou fazer algo desonesto — eu digo, para o homem que não esteja profundamente enraizado nesse princípio, pois o homem de integridade constante e iluminada sabe que a mentira e a desonestidade não podem, sob nenhuma circunstância, ser necessárias, e por isso não deve ser tentado, nesse particular, nem pode ser tentado, mas a única forma tentada deve ser capaz de pôr de lado a insinuação sutil da mentira que, em um momento de indecisão e perplexidade, surja dentro dele e ele deve permanecer firme pelo princípio, estando disposto a perder e sofrer, em vez de afundar na obliquidade. Só dessa maneira ele pode se tornar mais esclarecido sobre esse princípio moral e descobrir a verdade feliz de que a integridade não leva à perda e ao sofrimento, mas ao ganho e à alegria; de que a honestidade e a privação não são, e não podem ser, relacionadas como causa e efeito.

É essa disposição para o sacrifício, em vez de ser não verdadeiro, que conduz à iluminação em todas as esferas da vida; e o homem que, em vez de sacrificar alguma finalidade egoísta, mentir ou enganar, terá perdido seu direito ao esclarecimento moral e tomado seu lugar mais embaixo, entre os devotos do engano, entre os fazedores de tenebrosas transações, entre os homens sem caráter e sem reputação.

Um homem não está verdadeiramente blindado na integridade até que tenha se tornado incapaz de mentir ou enganar, seja por gestos, palavras ou atos, até que veja, claramente, abertamente e livre de toda dúvida, os efeitos mortais de tal torpeza moral. O homem assim iluminado está protegido por todos os quadrantes e não pode mais ser prejudicado por homens desonestos do que o sol pode ser puxado para baixo do céu por loucos, e as setas do egoísmo e da traição que possam ser derramadas sobre ele irão se rebater na forte armadura de sua integridade e no escudo brilhante de sua integridade, deixando-o incólume e intocado.

Um comerciante enganador irá lhe dizer que nenhum homem pode prosperar e ser honesto nos dias de concorrência acirrada. Como pode um homem saber disso, sendo que nunca tentou se honesto? Além disso, esse homem não tem conhecimento da honestidade, e seu depoimento é, portanto, uma declaração de ignorância, e a ignorância e a mentira cegam um homem a ponto de tolamente imaginar que todos são tão ignorantes e falsos como ele mesmo. Conheço tais comerciantes e os vi encaminharem-se para a ruína. Certa vez, ouvi um empresário fazer a seguinte declaração em uma reunião pública: "Nenhum homem pode ser totalmente honesto no mundo dos negócios, só pode ser aproximadamente honesto". Ele imaginou que sua declaração revelasse a condição do mundo dos negócios, mas não, *ela revelava sua própria condição.* Ele estava apenas dizendo à plateia que era um homem desonesto, mas sua ignorância, a ignorância moral, o impedia de ver isso. A honestidade aproximada é apenas um outro termo para a desonestidade. O homem que se desviou um pouco do caminho reto, desviou-se demais. Não tem um princípio definido do que é direito e só pensa em seu próprio benefício. Que ele se convença de que sua desonestidade particular é uma espécie amena e inofensiva, e que ele não é tão ruim quanto seu vizinho, é apenas uma das muitas formas de autoilusão que a ignorância dos princípios morais cria.

Agir direito entre os homens e nas variadas relações e transações da vida é a própria alma da integridade. Ela inclui a honestidade, mas é mais do que isso. É a espinha dorsal da sociedade humana e o esteio das instituições humanas. Sem ela não haveria verdade, nem confiança entre os homens, e o mundo dos negócios seria levado à ruína.

Assim como o mentiroso acha que os homens são mentirosos e trata-os como tal, também o homem de integridade trata todos os homens com confiança. Ele confia neles e eles confiam nele. Seus olhos francos e sua mão aberta envergonham o fraudador rastejante a ponto de ele não poder praticar sua fraude com ele. Como disse tão bem Emerson: "Confie nos homens e eles serão sinceros com você, mesmo que façam uma exceção em seu favor em meio a todas suas regras de comércio".

O homem de bem, com sua própria presença, comanda a moralidade dos outros, tornando-os melhores do que foram. Os homens são fortemente influenciados uns pelos outros e, como o bem é mais poderoso do que o mal, o homem forte e bom tanto envergonha quanto eleva, por seu contato, os fracos e maus.

O homem de integridade transporta consigo uma grandeza inconsciente, que tanto apavora quanto inspira. Tendo se levantado acima dos pequenos, dos médios e dos falsos, os covardes viciados, em sua presença, recuam em confusão. O maior dom intelectual não pode se comparar a essa grandeza moral sublime. Na memória dos homens, e no apreço do mundo, o homem de integridade ocupa um lugar mais alto do que o homem de gênio. Buckminster diz: "A grandeza moral de uma integridade independente é a coisa mais sublime na natureza". É a qualidade no homem que produz heróis. O homem de inabalável retidão é, no fundo, sempre um herói. Ele só precisa da oportunidade de manifestar o elemento heroico. Ele também possui uma felicidade permanente. O homem de gênio pode ser muito infeliz, mas não o homem de integridade. Nada — nem a doença, nem a calamidade, nem a morte — pode privá-lo da satisfação permanente que é inerente à retidão.

A retidão leva direto à prosperidade por quatro etapas sucessivas. Em primeiro lugar, o homem direito ganha a confiança dos outros. Em segundo lugar, tendo ganho sua confiança, eles confiam nele. Em terceiro lugar, essa confiança, nunca sendo violada, produz uma boa reputação; e em quarto lugar, a boa reputação se espalha cada vez mais e assim traz o sucesso.

A desonestidade produz o efeito inverso. Ao destruir a confiança dos outros, produz neles a suspeita e a desconfiança, e essas trazem uma má reputação, o que culmina em fracasso.

O Pilar de Integridade é composto pelos seguintes quatro elementos viris:

1. Honestidade
2. Destemor
3. Decisão
4. Invencibilidade

A *honestidade* é o caminho mais seguro para o sucesso. Chega finalmente o dia em que o homem desonesto se arrepende, na tristeza e no sofrimento; mas nenhum homem jamais deve se arrepender de ter sido honesto. Mesmo quando o homem honesto fracassa — como acontece, por vezes, pela falta de outro desses pilares, como a energia, a economia ou o sistema —, seu fracasso não é a única coisa grave que é para o homem desonesto, porque ele sempre pode se alegrar com o fato de que nunca defraudou um companheiro.

Mesmo em sua hora mais sombria, ele encontra repouso em uma consciência limpa.

Os homens ignorantes imaginam que a desonestidade seja um atalho para a prosperidade. É por isso que a praticam. O homem desonesto é moralmente míope. Tal como o bêbado que vê o prazer imediato de seu hábito, mas não a degradação final, ele vê o efeito imediato de um ato desonesto — um lucro maior, mas não seu resultado final; ele não vê que o número acumulado de tais atos deve inevitavelmente minar seu caráter e fazer seu negócio ruir sobre sua cabeça em desastre. Ao embolsar seus ganhos, pensando em como é inteligente e bem-sucedido ao se impor sobre os outros, ele está o tempo todo impondo-se sobre si mesmo, e todas as moedas assim obtidas devem ser pagas com juros adicionados, e dessa retribuição justa não há escapatória possível. Essa gravitação moral é tão certa e invariável quanto a gravitação física de uma pedra em relação à Terra.

O comerciante que exige de seus assistentes que deturpem seus produtos está se cercando de todos os lados de suspeita, desconfiança e ódio. Até mesmo os moralmente fracos que executam suas instruções irão desprezá-lo enquanto se contaminam com seu trabalho sujo. Como pode o sucesso prosperar em uma atmosfera tão envenenada? O espírito da ruína já se encontra em um negócio desses, e o dia de sua queda está marcado.

Um homem honesto pode falhar, mas não porque seja honesto, e seu fracasso será honrado e não irá ferir seu caráter e sua reputação. Seu fracasso também, sem dúvida resultante de sua incapacidade em determinado sentido, será um meio de conduzi-lo a algo mais adequado a seus talentos e, assim, ao sucesso final.

O *destemor* acompanha a honestidade. O homem honesto tem uma visão clara e um olhar firme. Ele olha para seus semelhantes na face e seu discurso é direto e convincente. O mentiroso e enganador abaixa a cabeça; seu olho é sujo, e seu olhar, oblíquo. Ele não pode olhar para outro homem nos olhos, e seu discurso desperta desconfiança, pois é ambíguo e pouco convincente.

Depois que um homem cumpriu suas obrigações, ele não tem nada que temer. Todas as relações de sua empresa estão seguras. Seus métodos e ações suportam a luz do dia. Se passar por um momento difícil e se endividar, todo mundo confiará nele e estará disposto a esperar pelo pagamento, e todas suas dívidas serão pagas. As pessoas desonestas tentam evitar o pagamento de suas dívidas e vivem com medo; o homem honesto tenta evitar ficar em dívida, mas, quando a dívida o ultrapassa, ele não teme: redobrando seus esforços, suas dívidas são pagas.

Os desonestos estão sempre com medo. Eles não temem as dívidas, mas temem que terão de pagá-las. Temem seus colegas, temem as autoridades, temem os resultados de tudo o que fazem e vivem em constante medo de que suas más ações sejam reveladas e das consequências que podem a qualquer momento alcançá-los.

O homem honesto livra-se de todo o fardo desse medo. Ele é alegre e caminha ereto entre os companheiros; não assumindo uma parte e se escondendo e sendo servil, mas sendo ele próprio e encarando os outros olho no olho. Não é enganando nem ferindo ninguém, não há o que temer, e tudo contra só pode se reverter em seu favor.

E esse destemor é, em si, uma torre de força na vida de um homem, apoiando-o em todas as situações de emergência, permitindo-lhe enfrentar corajosamente as dificuldades e, no final, garantindo para ele o tipo de sucesso que não pode ser espoliado.

A *decisão* é o resultado direto dessa força de caráter que promove a integridade. O homem de integridade é o homem de objetivos diretos e de propósitos fortes e inteligentes. Ele não aposta nem trabalha no escuro. Todos seus planos têm em si algumas das fibras morais de que seu caráter é forjado. O trabalho de um homem sempre, de alguma forma, o reflete, e o homem de integridade sólida é um homem de planos sólidos. Ele avalia, considera e olha para frente, e assim é menos propenso a cometer erros graves, ou a se enredar em um dilema do qual seja difícil escapar. Tendo uma visão moral de todas as coisas e sempre considerando as consequências morais, ele fica em um terreno mais firme e mais elevado do que o homem de meras políticas e conveniências; e ao assumir uma visão mais ampla de qualquer situação, ele exerce o poder maior que a compreensão mais abrangente dos detalhes dos princípios envolvidos lhe confere. A moral tem sempre a vantagem da oportunidade. Seus objetivos sempre vão muito além da superfície e são, portanto, mais firmes e seguros, mais fortes e duradouros. Há também um direcionamento natural em relação à integridade que permite a esse homem ir direto ao objetivo em tudo o que faz e que torna o erro quase impossível.

Homens fortes têm propósitos fortes e os propósitos fortes levam a realizações fortes. O homem de integridade está acima de todos os homens *fortes* e sua força se manifesta na medida da meticulosidade com que ele realiza seus interesses; o rigor com que impõe respeito, admiração e sucesso.

A *invencibilidade* é uma proteção gloriosa, mas só envolve o homem cuja integridade é perfeitamente pura e inatacável. Nunca violar, mesmo no mais insignificante particular, o princípio da integridade é ser invencível contra todos os assaltos de insinuações, calúnias e falsas declarações. O homem que falhou em um ponto é vulnerável; e o eixo do mal, entrando por esse ponto, o derruba, assim como a flecha no calcanhar de Aquiles. A integridade pura e perfeita é a prova contra todos os ataques e danos, permitindo que seu possuidor enfrente toda oposição e perseguição com coragem e serenidade sublime. Nenhuma quantidade de talento, inteligência ou perspicácia nos negócios pode dar a um homem o poder da mente e a paz do coração que vêm da aceitação iluminada e da observância dos princípios morais elevados. A força moral é o maior poder. Que o candidato a uma prosperidade verdadeira descubra essa força, que ele a promova e desenvolva em sua mente e em seus atos e, quando conseguir terá seu lugar entre os líderes fortes da terra.

Esse é o forte e inquebrantável Pilar da Integridade. Bem-aventurado e próspero, acima de todos os homens, será aquele que construir sua alvenaria incorruptível no templo de sua vida.

QUARTO PILAR — SISTEMA

O sistema é aquele princípio da ordem pelo qual a confusão torna-se impossível. Na ordem natural e universal tudo está em seu lugar, de modo que o vasto universo funciona mais perfeitamente do que a máquina mais perfeita. A desordem no espaço significaria a destruição do universo, e a desordem nos assuntos de um homem destrói seu trabalho e sua prosperidade.

Todas as organizações complexas são constituídas segundo um sistema. Nenhuma empresa ou sociedade pode se desenvolver em grandes dimensões sem um sistema e esse princípio é o instrumento por excelência do comerciante, do empresário e do organizador de instituições.

Há muitos setores em que um homem desordenado pode ter sucesso — embora a atenção à ordem aumenta seu sucesso, ele não terá sucesso nos negócios a menos que possa colocar o negócio inteiramente nas mãos de um gestor, que irá, assim, sanar o defeito.

Todas as sociedades de grandes negócios evoluem definitivamente por linhas sistemáticas bem traçadas, cuja violação seria desastrosa para a eficiência e o bem-estar da empresa. Negócios complexos ou outras organizações são constituídos como corpos de natureza complexa, por escrupulosa atenção aos detalhes. O homem desordenado acha que pode ser descuidado em cada aspecto a não ser o do fim principal, mas, por ignorar os meios, ele frustra o fim. Pela desorganização dos detalhes, perecem organismos e, pela negligência descuidada em relação aos detalhes, é impedido o crescimento de qualquer trabalho ou sociedade.

As pessoas desordeiras desperdiçam uma enorme quantidade de tempo e energia. O tempo desperdiçado à procura de coisas seria suficiente se fosse conservado pela ordem, permitindo alcançar algum sucesso, pois as pessoas desleixadas nunca têm um lugar para as coisas e precisam procurar, muitas vezes por um longo período, qualquer artigo de que necessitem. Em meio à irritação, ao mau humor e ao desgosto provocados por essa busca diária das coisas, perde-se mais energia do que seria necessária para construir um grande negócio ou para escalar as maiores alturas da realização em qualquer direção.

As pessoas ordeiras economizam seu tempo e sua energia. Elas nunca perdem nada e, portanto, nunca precisam procurar nada. Tudo está em seu lugar e sempre à mão, mesmo que seja no escuro. Essas pessoas podem muito bem se dar ao luxo de serem calmas e deliberadas, e assim utilizar suas energias mentais em algo mais rentável do que a irritação, o mau humor e às acusações aos outros por sua própria falta de ordem.

Há uma espécie de gênio do sistema que pode realizar verdadeiras maravilhas com facilidade. Um homem sistemático é capaz de se desincumbir de uma quantidade de trabalho tão grande em um tempo tão curto e com tal falta de exaustão que isso pode parecer quase um milagre. Ele dimensiona o alcance do sucesso, ao passo que seu concorrente desleixado está irremediavelmente atolado nos pântanos da confusão. Sua observância estrita à lei da ordem permite-lhe atingir seus fins, de forma rápida e suave, sem atrito ou perda de tempo.

As exigências do sistema, em todos os setores do mundo dos negócios, são tão rígidas e exigentes quanto os votos de um santo, e não podem ser violadas nem nos menores aspectos, a não ser com o risco das perspectivas financeiras. No mundo financeiro, a lei da ordem é uma necessidade imperiosa, e aquele que a observa de maneira impecável economiza tempo, paciência e dinheiro.

Toda conquista permanente da sociedade humana repousa sobre uma base do sistema; tanto isso é verdade que, se fosse retirado o sistema, o progresso cessaria. Pense, por exemplo, nas vastas conquistas da literatura nas obras dos autores clássicos e dos grandes gênios; nos grandes poemas, nas inúmeras obras em prosa, nas histórias monumentais, na alma — mudando orações; pense também nas relações sociais da sociedade humana, em suas religiões, em seus estatutos legais e em seu vasto legado do conhecimento livreiro. Pense em todos esses maravilhosos recursos e conquistas da linguagem e em seguida reflita que tudo isso depende da origem, do crescimento e da continuidade do regime sistemático de 26 letras, um arranjo com os resultados inesgotáveis e ilimitados, em razão de sua limitação rígida dentro de certas regras fixas.

De novo: todas as conquistas maravilhosas da matemática provêm da sistematização de dez números; ao passo que uma versão completa de uma máquina, funcionando com seus milhares de peças trabalhando em conjunto, de forma suave e quase sem ruído, para a realização do fim ao qual foi concebida, foi produzida pela observância sistemática de algumas leis mecânicas.

Aqui vemos como o sistema simplifica o que é complexo: como torna fácil o que era difícil; como se relaciona com uma infinidade de detalhes de uma lei ou de uma ordem central e, assim, permite que todos esses detalhes sejam tratados e contabilizados com perfeita regularidade e com uma completa ausência de confusão.

O cientista nomeia e classifica a infinidade de detalhes do universo, desde os organismos microscópicos à estrela telescópica, com a observância do princípio do sistema, de modo que, de muitos milhões de objetos, pode-se referir a qualquer objeto em, no máximo, poucos minutos. É essa faculdade de referência rápida e célere expedição que é de importância tão esmagadora em todos os setores do conhecimento e da indústria, e a quantidade de tempo e de trabalho, portanto, poupada à humanidade é tão grande a ponto de ser incompreensível. Falamos de sistemas religiosos, políticos e de negócios e assim por diante, indicando que todas as coisas na sociedade humana são soldadas pelas qualidades coesivas da ordem.

O sistema é, na realidade, um dos grandes princípios fundamentais em andamento, e na ligação em conjunto, em um todo completo, de milhões de seres humanos no mundo, ao mesmo tempo que eles estão cada um lutando por um lugar e competindo uns com os outros por objetivos e interesses opostos.

Vemos aqui como o sistema é aliado da grandeza, pois as várias unidades separadas, cujas mentes são treinadas para a disciplina do sistema, são mantidas em seus lugares pelo poder de organização daqueles relativamente poucos que percebem a urgência, a necessidade inevitável do estabelecimento de regras fixas e invioláveis, seja nos negócios, no direito, na ciência, na religião, na política, seja, de fato, em todas as esferas da atividade humana em que dois seres humanos se reúnem de imediato, pois eles precisam de um terreno comum de entendimento para evitar a confusão — em uma palavra, algum sistema para regular suas ações.

A vida é demasiadamente curta para a confusão; e o conhecimento cresce e segue o progresso ao longo dos caminhos do sistema que impedem o atraso e o retrocesso, de modo que aquele que sistematiza seu conhecimento ou seus negócios os simplifica e melhora para seu sucessor, permitindo-lhe recomeçar, com a mente livre, de onde ele parou.

Toda grande empresa tem um sistema que torne viável sua gigantesca maquinaria, permitindo que ela funcione como uma máquina bem equilibrada e lubrificada. Um homem de negócios extraordinário, um amigo meu, certa vez me disse que poderia deixar seu imenso negócio por doze meses e ele funcionaria sem entraves até seu retorno; e ele ocasionalmente o deixa por vários meses enquanto viaja, e em seu retorno cada homem, rapaz e garota, cada ferramenta, livro e máquina, todos os detalhes, até o mais insignificante, tudo está em seu lugar, fazendo seu trabalho como quando ele deixou e sem nenhum problema, nenhuma dificuldade, nenhuma confusão.

Não pode haver sucesso sem um gosto pela regularidade e pela disciplina, e pela necessidade de evitar atritos, juntamente com a serenidade e a eficiência da mente que brotam tal regularidade. As pessoas que abominam a disciplina, cujas mentes são desgovernadas e anárquicas, e que são descuidadas e irregulares em seus pensamentos, em seus hábitos e na gestão de seus negócios, não podem ser altamente bem-sucedidas e prósperas, e enchem seu tempo com diversas preocupações, problemas, dificuldades e pequenos aborrecimentos, que desapareceriam sob uma regulamentação adequada de suas vidas.

Uma mente desorganizada é uma mente destreinada e não pode competir com a mente bem disciplinada na corrida da vida mais do que um atleta inexperiente pode competir com êxito contra um concorrente cuidadosamente treinado em provas de atletismo. A mente mal disciplinada, que acha que nada vai fazer, rapidamente fica para trás da mente bem disciplinada, que está convencida de que só os melhores acabarão bem na corrida extenuante para os prêmios da vida, sejam eles materiais, mentais ou morais. O homem que, quando vai fazer seu trabalho, é incapaz de encontrar suas ferramentas, ou de equilibrar seus índices, ou encontrar a chave de sua mesa ou o motivo de sua irreflexão, será presa da armadilha criada por ele mesmo, enquanto seu vizinho metódico estará escalando livre e alegremente as alturas revigorantes da realização bem-sucedida. O homem de negócios cujo método é desleixado, atrapalhado ou atrasado em relação à mais recente evolução das mentes hábeis só deve culpar a si mesmo por suas perspectivas decadentes e deve despertar para a necessidade de métodos mais eficazes e altamente especializados em sua empresa. Deve se cercar de cada instrumento — cada invenção e cada ideia — que lhe permita economizar tempo e trabalho, e ajudá-lo na deliberação, rigor e expedição.

O sistema é a lei pela qual tudo — cada organismo, negócio, caráter, nação, império — se constrói. Ao adicionar uma célula a outra, um departamento a outro, pensamento a pensamento, lei a lei, conjunto a conjunto, em sequência e classificação ordenada, todas as coisas, as preocupações e as instituições crescem em magnitude e evoluem para a perfeição. O homem que está continuamente melhorando seus métodos está ganhando na acumulação de poder; por isso, cabe ao homem de negócios ser criativo e inventivo no aprimoramento de seus métodos, pois os construtores — seja de catedrais ou de personagens, de negócios ou religiões — são os fortes da terra e os protetores e os pioneiros da humanidade. O construtor sistemático é um criador e um conservador, ao passo que o homem da desordem demole e destrói, e nenhum limite pode ser definido em relação ao crescimento dos poderes de um homem, à integridade de seu caráter, à influência de sua organização, ou à extensão de seu negócio, se ele souber preservar intacta a disciplina da ordem e todos os detalhes em seu lugar, se mantiver em ordem todos os aspectos de sua tarefa específica e tabular e classificar com tanta eficiência e perfeição tanto para capacitá-lo quanto para, a qualquer momento, ser submetido a uma análise ou em atenção aos mais remotos detalhes em ligação com seu trabalho em especial.

No sistema estão contidos estes quatro ingredientes:

1. Presteza
2. Precisão
3. Utilidade
4. Abrangência

Presteza é vitalidade. É esse espírito de vigilância pelo qual uma situação é imediatamente compreendida e tratada. A observância do sistema promove e desenvolve o espírito. O general de sucesso deve ter o poder de reunir rapidamente todas as informações sobre os novos e inesperados movimentos por parte do inimigo; assim também, todo homem de negócios deve ter presteza para lidar com qualquer acontecimento inesperado que afete sua linha de comércio; e assim também deve o homem de pensamento ser capaz de lidar com os detalhes de quaisquer novos problemas que possam surgir. O atraso é um vício que é fatal para a prosperidade, pois leva à incapacidade e à estupidez. Os homens de mãos, coração e cérebro preparados sabem o que estão fazendo e o fazem metodicamente, habilmente e com uma presteza tranquila e consumada; esses são os homens que precisam pensar pouco na prosperidade como um fim, pois ela lhes acontece quer a procurem, quer não; o sucesso corre atrás deles e bate a sua porta, e eles, inconscientemente, o comandam pela excelência soberba de suas faculdades e métodos.

A *precisão* é de extrema importância em todos os assuntos comerciais e nas empresas, mas não pode haver precisão independentemente do sistema, e um sistema que seja mais ou menos imperfeito envolverá seu criador em erros mais ou menos desastrosos, até que o melhore.

A imprecisão é uma das falhas mais comuns, porque a precisão está intimamente ligada à autodisciplina, e a autodisciplina, juntamente com a sujeição de boa vontade à disciplina externa que ela envolve, é uma indicação da cultura moral elevada que a maioria ainda não atingiu. Se o homem impreciso não se submeter de boa vontade à disciplina de seu empregador ou instrutor, achando que sabe mais, sua falha nunca poderá ser remediada, e assim ele ficará sujeito a um cargo inferior, no caso no mundo dos negócios, ou ao conhecimento imperfeito, no mundo do pensamento.

A prevalência do vício da inexatidão (e tendo em vista seus efeitos desastrosos que devem ser considerados como um vício, embora talvez sejam um dos vícios menores) é patente a todo observador. Pense na maneira pela qual a maioria das pessoas se refere a uma circunstância ou repete a simples afirmação de um fato. Quase sempre elas os tornam falsos por causa das imprecisões que cometem. Poucas pessoas, talvez (descontando os que mentem deliberadamente), instruíram-se para ser exatas no que dizem, ou são tão cuidadosas a ponto de admitir e declarar a possibilidade de estarem cometendo um erro. Por causa desse tipo comum de imprecisões decorrem muitas inverdades e mal-entendidos.

Mais pessoas se esforçam para ser exatas no que fazem e no que dizem, mas mesmo assim as imprecisões são muito comuns, tornando muitas delas ineficientes e incompetentes, inadequadas para empreendimentos mais exigentes. O homem que habitualmente utiliza-se de uma parte de seu tempo ou do tempo do empregador para tentar corrigir seus erros ou de outros funcionários não deve ser mantido em nenhum cargo no mundo do trabalho, muito menos ser promovido a um cargo mais elevado.

Ainda não viveu um homem que não tenha cometido alguns erros em seu caminho para o sucesso, mas se for capaz e sensato terá percebido seus erros e rapidamente os corrigido, alegrando-se quando foram apontados. A imprecisão, se for habitual e persistente, torna-se um vício, e incapaz e errado será aquele que quer ver ou admitir e não seus erros e que se ofende quando são apontados.

O homem progressista aprende com seus próprios erros, tanto quanto com os erros dos outros. Está sempre pronto para testar um bom conselho pela prática e visa uma precisão cada vez maior em seus métodos, o que significa uma perfeição cada vez maior, pois a precisão é perfeita, e a medida da precisão de um homem será a medida de sua singularidade e perfeição.

A *utilidade* é o resultado direto do método de trabalho. Trabalho concluído é produtivo e rentável quando é feito sistematicamente. Para ter o melhor produto, o agricultor deve não só semear e plantar, mas semear e plantar no momento certo; e se qualquer trabalho pretende ser produtivo, deve ser feito oportunamente, e não se deve perder o momento certo para qualquer coisa.

A utilidade considera o fim prático e emprega os melhores meios para atingir esse fim. Isso evita problemas paralelos, dispensa teorias e mantém sua influência apenas sobre as coisas que podem ser destinadas ao bom uso na economia da vida.

As pessoas pouco práticas sobrecarregam a mente com teorias inúteis e inverificáveis e arriscam-se ao fracasso, ocupando-se com especulações que, por sua própria natureza, não podem ser aplicadas na prática. O homem cujos poderes se revelam no que faz, e não meramente falando e discutindo, evita dilemas metafísicos e tergiversações e aplica-se à realização de um fim bom e útil.

O que não pode ser posto em prática não deve ocupar espaço na mente. Deve ser colocado de lado, abandonado e ignorado. Um homem disse-me recentemente que, mesmo que sua teoria mostre não ter um fim útil, ele ainda a mantém consigo como uma bela teoria. Se um homem escolhe prender-se às chamadas "belas" teorias que, comprovadamente, não têm aplicação na vida nem base substancial na realidade, então não deverá ficar surpreso se falhar em seus compromissos, pois é um homem pouco prático.

Quando os poderes da mente são desviados da teorização especulativa para a ação prática, seja no âmbito material ou moral, a habilidade, o poder, o conhecimento e a prosperidade aumentam. A prosperidade de um homem é medida por sua utilidade para a comunidade, e um homem é útil em conformidade com o que faz, e não pelas teorias com que se entretém.

O carpinteiro modela uma cadeira, o construtor constrói uma casa, o mecânico produz uma máquina e o homem sábio molda um caráter perfeito. Não são os sonhadores, os teóricos e os polemistas, mas os trabalhadores, os fabricantes e os executores que são o sal da terra.

Que o homem se desvie das miragens da especulação intelectual e comece a *fazer* alguma coisa, e que o faça com todo seu empenho, então, assim, receberá um conhecimento especial, exercerá um poder especial e atingirá sua devida posição e prosperidade entre seus pares.

A *abrangência* é aquela qualidade da mente que permite ao homem lidar com um grande número de detalhes relacionados, compreendê-los em sua totalidade, juntamente com o único princípio que governa e os mantém unidos. É uma qualidade magistral, dando poder de organização e governo, e é desenvolvida pela atenção sistemática aos detalhes. O comerciante de sucesso tem em mente, por assim dizer, todos os detalhes de seu negócio e regula-os por um sistema adaptado a sua forma particular de comércio. O inventor tem em mente todos os detalhes de sua máquina, juntamente com sua relação com um princípio mecânico central, e assim aperfeiçoa sua invenção. O autor de um grande poema ou de uma história relaciona todos seus personagens e incidentes da trama central e assim produz uma obra literária composta e duradoura.

A abrangência contempla as capacidades analítica e sintética combinadas em um mesmo indivíduo. Uma mente ampla e bem ordenada, que se mantém dentro de suas profundezas silenciosas de um exército de detalhes em boa disposição e em verdadeira ordem de trabalho, é a mente próxima do gênio, mesmo que não tenha aí chegado. Nem todo homem pode ser um gênio, nem precisa ser, mas pode estar gradualmente desenvolvendo sua capacidade mental, por uma atenção cuidadosa ao sistema em seus pensamentos e de negócios, e à medida que seu intelecto se fortalecer e ampliar, seus poderes serão intensificadas e sua prosperidade, acentuada.

Tais, então, são os quatro pilares dos cantos do Templo da Prosperidade, e por si só já são suficientes para sustentá-lo permanentemente, sem o acréscimo dos quatro restantes. O homem que se aperfeiçoar em Energia, Economia, Integridade e Sistema alcançará um sucesso duradouro em seu trabalho, cuja natureza não importa. É impossível o fracasso de alguém assim tão cheio de energia, que atentamente economiza seu tempo e dinheiro e virtuosamente administra sua vitalidade, praticando a integridade inabalável e sistematizando seu trabalho, cuidando antes de sistematizar sua mente.

Os esforços desse homem serão corretamente direcionados e com um poder concentrado, para que sejam eficazes e produtivos. Além disso, ele alcançará uma perfeição e uma dignidade que, inconscientemente, lhe trarão respeito e sucesso, e fortalecerá os mais fracos com sua própria presença. "Viste o homem diligente em sua obra? Perante reis será posto; não permanecerá entre os de posição inferior", dizem as Escritura acerca dessa pessoa.[3] Ela não irá implorar, lamentar-se ou reclamar, ou cinicamente culpar os outros, mas será muito forte, pura e reta demais para se afundar tanto. E assim, colocando-se no alto da nobreza e da integridade de seu caráter, ela ocupará um lugar de destaque no mundo e na estima dos homens. Seu sucesso será certo e sua prosperidade, duradoura. "Ele se sustentará e não cairá na luta pela vida."

3 Referência bíblica. Provérbios 22:29. (N.T.)

QUINTO PILAR — SIMPATIA

Os pilares restantes são os quatro pilares centrais do Templo da Prosperidade. Esses pilares dão-lhe mais força e estabilidade e aumentam tanto sua beleza quanto sua utilidade. Eles contribuem muito para seu encanto, pois pertencem à mais alta esfera moral, e, portanto, para a grande beleza e nobreza de caráter. Na verdade, engrandecem o homem e o colocam entre os relativamente poucos de mente rara e que brilham além com uma pureza refulgente e uma inteligência excepcional.

A simpatia não deve ser confundida com o sentimento piegas e superficial que, como uma linda flor sem raiz, acaba morrendo sem deixar para trás nem sementes nem frutos. Incorrer no sofrimento histérico por alguém não é simpatia. Tampouco as explosões de indignação violenta contra as crueldades e as injustiças dos outros nem qualquer outra coisa do gênero são uma indicação de um espírito solidário. Se alguém é cruel em casa — se atormenta a esposa, bate nos filhos, abusa dos empregados ou agride os vizinhos com sarcasmo —, que hipocrisia é sua manifestação de amor pelo sofrimento das pessoas que estão fora do alcance imediato de sua influência! Que sentimento superficial sustenta suas explosões de indignação contra a injustiça e a impiedade no mundo em seu redor!

Diz Emerson sobre isso: "Vai, ama aqueles filhos; ama aquele picador de madeira; sê manso e modesto; tem essa graça; e nunca doura tua dura ambição impiedosa com essa ternura incrível pelo povo negro a milhares de quilômetros de distância. Aquele amor distante está, a despeito disso, em casa".[4] O teste de um homem está em seus atos imediatos e não em sentimentos extremistas; e se esses atos forem constantemente baseados no egoísmo e na amargura, se as pessoas de sua casa ouvirem seus passos com medo e sentirem um grande alívio com sua partida, quão vazias são suas expressões de simpatia pelos sofredores ou menos favorecidos, e como é fútil sua associação a uma sociedade filantrópica.

Embora o poço da simpatia possa alimentar uma nascente de lágrimas, essa nascente na maioria da vezes tem sua origem no lago escuro do egoísmo, pois quando frustrado o egoísmo gasta-se em lágrimas.

A simpatia é uma ternura profunda, silenciosa, inexprimível, que se revela em um caráter sistematicamente abnegado e gentil. As pessoas simpáticas não são exibidas e eloquentes, mas permanentemente contidas, firmes, calmas, modestas e corteses. Sua atitude imperturbável, sempre que está na presença do sofrimento dos outros, é muitas vezes confundida, pelas mentes superficiais, com indiferença,

4 No original: "*Go, love thy infant; love thy wood-chopper: be good-natured and modest: have that grace; and never varnish your hard, uncharitable ambition with this incredible tenderness for black folk a thousand miles off. Thy love afar is spite at home.*" Citação de um famoso ensaio do escritor, filósofo e poeta americano Ralph Waldo Emerson, intitulado "Self-reliance". (N.T.)

mas o olhar simpático e perspicaz reconhece a mais profunda e sólida simpatia em sua força calma e em sua rapidez em ajudar enquanto outros choram e escondem as mãos.

A falta de simpatia se revela no cinismo, no sarcasmo mal-humorado, no ridículo amargo, nos insultos e no escárnio, na ira e na condenação, bem como naquele sentimento mórbido e falso que é uma simpatia teórica e presumida, sem base na prática.

A falta de simpatia deriva do egoísmo; a simpatia deriva do amor. O egoísmo está envolvido na ignorância; o amor é aliado do conhecimento. É comum entre os homens imaginarem-se separados de seus companheiros, com objetivos e interesses distintos; e considerarem-se como certos e os outros errados em suas respectivas atitudes. A simpatia eleva o homem acima dessa vida separada e centrada em si mesma, e permite que viva no coração dos companheiros, e pense e sinta com eles. O homem se coloca no lugar deles e torna-se, por um tempo, o que eles são. Como expressou Whitman, o herói dos hospitais: "Eu não interrogo a pessoa ferida".[5] É uma espécie de impertinência interrogar uma criatura em sofrimento. O sofrimento pede ajuda e carinho, não curiosidade; o homem ou a mulher simpáticos sentem o sofrimento e contribuem para reduzi-lo.

Nem pode a simpatia vangloriar-se e, sempre que o autoelogio acontece, a simpatia passa longe. Se alguém comenta sobre seus inúmeros atos de bondade, e reclama do mau tratamento que recebeu em troca, não só não cometeu boas ações, como ainda precisa alcançar a modéstia da abnegação, que é a doçura da compaixão.

---

5 No original: "*I don't ask the wounded person*". O grande de poeta estadunidense Walt Whitman, profundamente comovido ao visitar as barracas-hospitais e ver a agonia da juventude devorada pela luta fratricida na Guerra de Secessão, passou a colaborar com os feridos, levando-lhes notícias, escrevendo cartas, consolando-os. (N.T.)

A simpatia, em seu sentido real e profundo, é a comunhão com os outros em suas lutas e sofrimentos, de modo que o homem simpático é um ser composto; ele é, por assim dizer, um certo número de homens, e vê tudo por diversos lados diferentes e não por um só lado, sendo esse seu próprio lado. Ele vê com os olhos dos outros homens, ouve com seus ouvidos, pensa com sua mente e se sente com o seu coração. Ele é, portanto, capaz de compreender homens que são muito diferentes de si mesmo; o significado de sua vida lhe é revelado e ele está unido a eles no espírito da boa vontade. Disse Balzac: "Os pobres me fascinam; sua fome é minha fome; estou com eles em sua casa; suas privações sofro; sinto os trapos do mendigo em minhas costas; eu, no momento, torno-me o homem pobre e desprezado".[6] Faz-nos lembrar do ditado de Alguém maior do que Balzac, de que uma ação feita por um pequeno sofredor era feita por ele.

E assim é: a simpatia nos leva ao coração de todos os homens, para que nos tornemos espiritualmente unidos a eles, e quando eles sofrem nós sentimos a dor; quando estão contentes nós nos alegramos com eles; quando são desprezados e perseguidos, espiritualmente descemos com eles às profundezas e guardamos em nosso coração sua humilhação e angústia; e quem tem esse espírito de ligação e união da simpatia nunca é capaz de ser cínico e acusador, e nunca é capaz de fazer julgamentos impensados e cruéis quanto a seus semelhantes, porque em sua ternura de coração está sempre com eles em sua dor.

Para chegar a essa simpatia madura, contudo, é preciso ser alguém que amou muito, sofreu muito e visitou as profundezas escuras da tristeza. A simpatia brota do conhecimento das experiências mais profundas, ao passo que o ho-

6 Honoré de Balzac, escritor francês, em *A comédia humana.* (N.T.)

mem por natureza tem a vaidade, a irreflexão e o egoísmo queimando em seu coração. Nenhum homem que não tenha sido, em alguma medida pelo menos, "um homem de dores e experimentado no sofrimento",[7] pode ter simpatia genuína, mas pela tristeza e pela dor deve ter passado, deve ter amadurecido em uma bondade firme e uma calma habitual.

Ter sofrido muito em um certo sentido a ponto de o sofrimento terminar, e só sua sabedoria se manter, permite ao homem, sempre que o sofrimento se apresenta, compreender e lidar com ele por pura simpatia; e quando esse homem foi "aperfeiçoado pelo sofrimento" em muitos sentidos, ele se torna um centro de repouso e cura para os tristes e amargurados que sofrem com os males de que ele padeceu e aos quais venceu. Como a mãe que sente a angústia de seu filho sofrendo, assim o homem de simpatia sente a angústia do sofrimento dos homens.

Essa é a maior e mais sagrada simpatia, mas uma simpatia muito menos perfeita é uma grande força para o bem da vida humana e uma medida do que está em toda parte e é necessário todos os dias. Ao mesmo tempo que é possível alegrar-se com o fato de que em cada caminho da vida existem pessoas realmente simpáticas, também se percebe que a dureza, o ressentimento e a crueldade são muito comuns. Essas duras características acarretam seus próprios sofrimentos e há aqueles que fracassam em seus negócios ou em um determinado trabalho, tudo por causa da aspereza de sua disposição. Um homem que é impetuoso e ressentido, ou que é duro, frio e calculista, com as fontes de simpatia secas dentro de si, apesar de ser de outra forma um homem capaz, no final dificilmente evitará um desastre em seus negó-

7 Referência bíblica. Isaías 53:3. Era desprezado, e o mais rejeitado entre os homens, homem de dores, e experimentado nos trabalhos; e, como um de quem os homens escondiam o rosto, era desprezado, e não fizemos dele caso nenhum. (N.T.)

cios. Sua loucura despertada em um caso, ou sua crueldade fria no outro, gradualmente irão isolá-lo dos companheiros e daqueles que estão diretamente relacionados com ele em sua atividade, de modo que os elementos de prosperidade serão eliminados de sua vida, deixando-o em um fracasso solitário e talvez em um desespero sem esperança.

Mesmo em operações comerciais normais, a simpatia é um fator importante, pois as pessoas sempre são atraídas para aqueles de natureza gentil e cordial, preferindo lidar com eles a tratar com aqueles que são duros e repressivos. Em todas as esferas em que o contato pessoal direto desempenha um papel importante, o homem simpático com capacidade média sempre terá precedência ao homem de maior capacidade mas que seja antipático.

Se um homem for um ministro ou um clérigo, um riso cruel ou uma frase maldosa de sua parte irá ferir gravemente sua reputação e influência, mas sobretudo esta última, pois até mesmo os que admiram suas boas qualidades irão, por sua crueldade, inconscientemente, considerá-lo em menor conta em sua estima pessoal.

Se um empresário professa uma religião, as pessoas esperam para ver a boa influência da religião sobre suas operações comerciais. Alegar ser um adorador do doce Jesus no domingo, e durante o resto da semana ser um duro e férreo adorador do dinheiro, irá ferir seu comércio e prejudicar consideravelmente sua prosperidade.

A simpatia é uma linguagem espiritual universal que todos, até mesmo os animais, instintivamente, compreendem e apreciam, pois todos os seres e criaturas estão sujeitos ao sofrimento, e essa igualdade da experiência da dor leva àquela unidade de sentimentos a que chamamos de simpatia.

O egoísmo impele os homens a se proteger à custa dos outros; mas a simpatia os impele a proteger os outros pelo sacrifício de si mesmos; e nesse sacrifício de si mesmos não há perda real e definitiva, pois, ao passo que no egoísmo os prazeres são poucos e pequenos, na simpatia as bênçãos são grandes e variadas.

Alguém perguntaria: "Como pode um homem de negócios, cujo objetivo é desenvolver seu próprio comércio, praticar o autossacrifício?". *Todo homem pode praticar o autossacrifício exatamente onde se encontra, e na medida em que é capaz de compreendê-lo.* Se alguém afirma que não pode praticar uma virtude, mesmo que fosse sua situação diferente, ainda teria a mesma desculpa. O zelo nos negócios não é incompatível com o sacrifício, pois a devoção ao dever, mesmo que esse dever seja o comércio, não é egoísmo, mas pode ser uma devoção desinteressada. Conheço um homem de negócios que, quando um concorrente que tentou "tirá-lo" do negócio por sua vez ficou de fora e faliu, ajudou-o a voltar aos negócios. Verdadeiramente, um belo ato de autossacrifício, e o homem que fez isso é, hoje, um dos empresários mais bem-sucedidos.

O mais próspero viajante comercial que já conheci transbordava uma bondade e uma genialidade exuberantes. Ele era tão inocente de todos os "espertalhões da área" como um bebê recém-nascido, mas seu grande coração e sua retidão humana conquistavam rapidamente amigos por onde quer que passasse. Os homens ficavam felizes ao vê-lo entrar em seu escritório, loja ou fábrica, e não só por sua influência positiva e envolvente, mas também porque sua empresa era sólida e confiável. Esse homem foi um sucesso por sua pura simpatia, mas uma simpatia tão pura e isenta de política que ele mesmo provavelmente teria negado que seu sucesso pudesse ser atribuído a ela. A simpatia não pode impedir o sucesso. É o egoísmo que aniquila e destrói. Conforme aumenta a boa vontade, a prosperidade do homem também aumenta. Todos os interesses são mútuos e valem para todos, e à medida que a simpatia expande o coração, amplia-se o círculo de influência, tornando as bênçãos espirituais e materiais muito mais abundantes.

São quatro as qualidades que compõem a grande virtude da simpatia, a saber:

1. Bondade
2. Generosidade
3. Gentileza
4. Percepção

A *bondade*, quando totalmente desenvolvida, não é um impulso passageiro, mas uma qualidade permanente. Um impulso intermitente e não confiável não é bondade, embora muitas vezes passe sob esse nome. Não há bondade em elogiar, se o elogio for seguido de abuso. O amor que parece levar ao beijo espontâneo será de pouca importância se for associado a um despeito espontâneo. O dom que parecia tão gracioso perderá seu valor caso o doador queira depois seu valor em troca. Despertar os sentimentos de outra pessoa para praticar um tipo de ação em troca de agradáveis estímulos externos para si mesmo e pouco depois ir ao outro extremo em relação à mesma pessoa por um evento externo desagradável para si mesmo deve ser considerado como uma fraqueza de caráter e também uma condição egoísta. A bondade verdadeira é imutável e não precisa de estímulo externo para que seja forçada a se manifestar. É um bem do qual as almas sedentas podem sempre beber e nunca seca. A bondade, quando se trata de uma virtude forte, é dirigida não só àqueles que nos agradam, mas também àqueles cujas ações sejam contrárias a nosso desejo e a nossa vontade, e é uma constante, nunca variando em intensidade pelo calor do temperamento.

Existem algumas ações das quais os homens se arrependem; essas são todos os atos cruéis. Existem outras ações de que os homens não se arrependem, e essas são todos os atos de bondade. Chegará o dia em que os homens se arrependerão pelas coisas cruéis que disseram e fizeram; mas o dia sempre lhes será alegre pelas coisas que digam e façam com gentileza.

A maldade arruína o caráter de um homem, estraga seu rosto com o passar do tempo e destrói o sucesso que tenha alcançado, por maior que seja.

A bondade embeleza o caráter, ilumina o rosto com o passar dos anos e permite que o homem chegue àquela perfeição do sucesso a que sua capacidade intelectual lhe confere o direito. A prosperidade do homem é amadurecida e enriquecida pela bondade de seu temperamento.

A *generosidade* acompanha uma bondade maior no coração. Se a bondade é a irmã gentil, a generosidade é o irmão mais forte. Um caráter livre, gentil e magnânimo é sempre atraente e influente. A avareza e a maldade sempre repelem as pessoas: são sombrias, nodosas, medíocres e frias. A bondade e a generosidade sempre atraem as pessoas, são ensolaradas, geniais, receptivas e acolhedoras. O que repele contribui para o isolamento e o fracasso; o que atrai contribui para a união e o sucesso.

Dar é tão importante quanto receber; e aquele que recebe tudo o que pode e se recusa a dar, finalmente, será incapaz de receber; porque essa é uma lei espiritual, que não podemos receber a menos que demos, assim como não podemos dar a menos que recebamos.

Todos os mestres religiosos sempre ensinaram a importância da doação. Isso acontece porque dar é um dos importantes caminhos do crescimento pessoal e da evolução. É um meio pelo qual podemos alcançar uma generosidade cada vez maior e pelo qual impedimos o retorno ao egoísmo. Isso implica que devemos reconhecer nossa afinidade espiritual e social com nossos companheiros e estar dispostos a dividir com eles uma parte do que ganhamos ou possuímos, pois o homem que, quanto mais ganha, anseia por mais ainda, e se recusa a abrir mão do que acumulou, como o animal selvagem com sua presa, está retrocedendo; esse homem está se fechando a todas as qualidades superiores, à alegria de compartilhar e à comunhão livre e abnegada com os corações humanos altruístas e felizes. O personagem Scrooge, de Dickens, em *Um conto de Natal,* representa a condição desse tipo de homem com grande vivacidade visual e força dramática.[8]

Os homens públicos da Inglaterra de nossa época (provavelmente também dos Estados Unidos) são quase todos (acho que poderia dizer todos, porque ainda não encontrei uma exceção) grandes doadores. Esses homens — prefeitos, magistrados, vereadores e todos os responsáveis que ocupam cargos públicos —, sendo homens que foram singularmente bem-sucedidos na gestão de seus próprios interesses particulares, são considerados os melhores homens para a gestão dos interesses públicos, e numerosas instituições nobres em todo o país são testemunhas perpétua da generosidade de seus dons.[9] Também não tenho sido capaz de encontrar alguma verdade substancial nas acusações, tantas vezes lançada contra esses homens pelos invejosos e malsucedidos, de que suas riquezas teriam sido acumuladas in-

8 Em seu *Um conto de Natal (A Christmas Carol),* um dos textos mais divulgados da literatura universal, escrito como folhetim entre outubro e novembro de 1843, o grande escritor inglês Charles Dickens narra a história do sovina Ebenezer Scrooge, um velho rabugento e solitário, implacável com as pessoas, preocupado apenas com seus lucros. (N.T.)

9 Vale lembrar que este livro foi escrito na Inglaterra, em 1911. (N.T.)

justamente. Sem serem homens perfeitos, eles são uma classe honrada de homens esforçados, dinâmicos, generosos e bem-sucedidos, que adquiriram riquezas e honra por pura atividade, capacidade e honestidade.

Que o homem se precavenha contra a ganância, a avareza, a inveja, o ciúme, a suspeita, pois essas coisas, se cultivadas, roubam-lhe tudo o que há de melhor na vida, sim, tudo o que há de melhor em coisas materiais, bem como tudo o que há de melhor em caráter e felicidade. Que ele seja liberal de coração e generoso nos gestos, magnânimo e confiante, não só dando alegria e muitas vezes de sua substância, mas concedendo a seus amigos e companheiros a liberdade de pensamento e ação — que ele seja assim, e a honra, a abundância e prosperidade virão bater a sua porta para entrar, como seus amigos e convidados.

A *gentileza* é semelhante à divindade. Talvez nenhuma qualidade seja tão distante de tudo o que é grosseiro, brutal e egoísta como a gentileza, de modo que, quando alguém torna-se gentil, está se tornando divino. A gentileza só pode ser adquirida após muita experiência e com grande autodisciplina. Ela só se estabelece no coração do homem depois que ele controlou e sujeitou seu lado animal, uma enunciação distinta, firme, mas calma, e a liberdade da emoção, da veemência ou do ressentimento em circunstâncias peculiarmente exasperantes.

Se há uma qualidade que, acima de todas as outras, deve distinguir o homem religioso é a qualidade da gentileza, pois é a marca da cultura espiritual. O homem rudemente agressivo é uma afronta para as mentes cultivadas e os corações altruístas. Nossa palavra *gentil-homem* não se afastou totalmente de seu sentido original. Ainda é aplicada a quem é modesto e comedido, e é atencioso com os sentimentos e o bem-estar dos outros. Um homem gentil, cujo bom comportamento é motivado pela consideração e pela bondade, é sempre amado, qualquer que seja sua origem. As pessoas belicosas expõem-se em suas brigas e recriminações — por sua ignorância e falta de cultura. O homem que se aperfeiçoou na mansidão nunca briga. Nunca retruca a uma palavra dura; ele a deixa de lado, ou a atende com uma palavra gentil que é muito mais poderosa do que a ira. A gentileza é cheia de sabedoria, e o homem sábio supera toda a raiva em si mesmo e por isso sabe como superá-la nos outros. O gentil-homem é poupado da maioria dos distúrbios e tumultos com que os homens descontrolados se afligem. Aqueles exibem a si próprios com tensão inútil e desnecessária, ao passo que ele é calmo e composto, e essa tranquilidade e essa serenidade mantêm-no forte para vencer na luta pela vida.

A *percepção* é o dom da simpatia. A mente simpática é a mente profundamente perceptiva. Entendemos por experiência e não pela discussão. Antes de podermos conhecer uma coisa ou ser, nossa vida deve tocar a própria vida ou sua vida. A discussão analisa a pele exterior, mas a simpatia chega ao coração. O cínico vê o chapéu e o casaco e acha que vê o homem. O vidente vê o homem simpático e não está preocupado com o chapéu e casaco. Em todos os tipos de ódio há uma separação por meio da qual cada um julga mal os outros. Em todos os tipos de amor há uma união mística pela qual cada um conhece o outro. A simpatia é a forma mais pura do amor, e o poeta mostra a maior simpatia, porque tem o maior coração. Nenhuma outra figura em toda a literatura tem demonstrado um conhecimento tão profundo do coração humano e da natureza, animada e inanimada. A *pessoa* de Shakespeare não é para ser encontrada em suas obras; ela se funde, por simpatia, em seus personagens. O sábio e o filósofo, o louco e o insensato, o bêbado e a prostituta — e esses ele, pelo tempo em suas experiências particulares, conhecia melhor do que eles se conheceram. Shakespeare não tem parcialidade, nem preconceitos; sua simpatia abraça a todos, do menor ao maior.

O preconceito é a grande barreira à simpatia e ao conhecimento. É impossível entender aqueles contra quem se esconde um preconceito. Nós só vemos os homens e as coisas como elas são quando despimos nossa mente de julgamentos parciais. Tornamo-nos videntes quando nos tornamos simpatizantes. A simpatia tem o conhecimento por seu companheiro.

Inseparáveis são o coração sensível e o olho que vê. O homem de compaixão é o homem da profecia. Aquele cujo coração bate em sintonia com todos os corações, a ele o conteúdo de todos os corações é revelado. Nem são o passado e o futuro por mais tempo insolúveis mistérios para o homem de simpatia. Sua visão moral apreende o turno perfeito da vida humana.

A percepção simpática eleva o homem para a consciência da liberdade, da alegria e do poder. Seu espírito respira alegria como os pulmões respiram o ar. Já não há mais qualquer receio de seus colegas homens, da concorrência, dos tempos difíceis, dos inimigos e assim por diante. Essas ilusões vis desapareceram e abriu-se diante de sua visão desperta um reino de grandeza e esplendor.

SEXTO PILAR — SINCERIDADE

A sociedade humana é realizada em conjunto por sua sinceridade. A falsidade universal geraria uma desconfiança universal que traria uma separação universal, se não a destruição. A vida é feita sã, saudável e feliz por nossa crença profundamente enraizada no outro. Se não confiássemos nos homens, não poderíamos fazer negócios com eles, não poderíamos nem sequer nos associar a eles. O personagem Tímon, de Shakespeare,[10] mostra-nos a condição miserável de um homem que, por meio de sua própria insensatez, perdeu toda a fé na sinceridade da natureza humana. Ele se isola da companhia de todos os homens e, finalmente, comete suicídio. Emerson diz algo no sentido de que, se o sistema de confiança fosse retirado do comércio, a sociedade se partiria em pedaços, esse sistema sendo uma indicação da confiança universal dos homens uns nos outros. As empresas, comumente consi-

10 *Tímon de Atenas* (no inglês original *Timon of Athens*) é uma peça de teatro do dramaturgo inglês William Shakespeare, em que é narrada a trajetória de um misantropo grego, Tímon de Atenas (personagem provavelmente inspirado no filósofo homônimo). (N.T.)

deradas pelos míopes e insensatos como sendo todas fraude e engodo, baseiam-se em uma grande confiança — uma confiança em que os homens cumprirão suas obrigações. O pagamento não é cobrado até que as mercadorias sejam entregues; e o fato de esse sistema continuar por séculos mostra que a maioria dos homens paga suas dívidas e não tem nenhum desejo de evitar esse pagamento.

Apesar de todos seus defeitos, a sociedade humana repousa sobre uma sólida base de verdade. Sua nota fundamental é a sinceridade. Seus grandes líderes são todos homens de sinceridade superlativa, e não se permite que seus nomes e suas conquistas venham a perecer — uma prova de que a virtude da sinceridade é admirada por toda a raça.

É fácil para o falso imaginar que todos são como ele e falar da "podridão da sociedade" — mas uma coisa podre poderia sobreviver era após era, pois não é tudo sem graça ao olho do pessimista? As pessoas que não conseguem ver nada de bom na constituição da sociedade humana devem se reformular. Seu problema está perto de casa. Elas chamam bem ao mal. Elas se ocupam cínica e irritantemente do mal até não poderem ver o bem, e todo o mundo parece mal. "A sociedade está podre de cima a baixo", ouvi um homem dizer recentemente; e ele me perguntou se eu não pensava assim. Eu respondi que deveria sentir muito se pensasse assim; que embora a sociedade tenha muitas falhas, é boa no fundo, e contém em si as sementes da perfeição.

A sociedade, na verdade, é tão boa que o homem que age para a realização de fins inteiramente egoístas não pode prosperar por muito tempo nem ocupar nenhuma posição de influência. É logo desmascarado e questionado; e o fato de que esse homem pode, até mesmo por um breve período, prender a credulidade humana, diz muito sobre a confiabilidade dos homens, revelando sua falta de sabedoria.

Um ator realizado no palco é admirado, mas o ator projetado no palco da vida desce à infâmia e ao desprezo. No esforço de parecer o que não é, ele se torna alguém sem individualidade, sem caráter, e é desprovido de qualquer influência, de todo o poder, de todo o sucesso.

Um homem de profunda sinceridade é uma grande força moral e não há força — nem mesmo a maior força intelectual — que possa se comparar a ela. Os homens são poderosos em termos de influência de acordo com a solidez e a perfeição de sua sinceridade. A moralidade e a sinceridade são tão estreitamente ligadas que, onde falta a sinceridade, a moralidade, como uma potência, falta também, pois a falta de sinceridade enfraquece todas as outras virtudes, de modo que elas se esfarelam e perdem a importância.

Mesmo um pouco de falta de sinceridade rouba a um caráter toda sua nobreza e torna-o comum e desprezível. A falsidade é um vício tão vergonhoso que nenhum homem de peso moral pode se dar ao luxo de brincar com falsos elogios ou bancar o tolo com comentários triviais ou o que seja, a fim de agradar, e assim deixa de ser forte e admirável para tornar-se um fraco superficial cuja mente não tem nenhuma profundidade que se possa aproveitar nem conhecimentos que se possam admirar.

Mesmo aqueles que no momento se sentem lisonjeados com a mentira adornada, ou se satisfazem com a burla habilmente tecida, não escapam à permanente influência de correntes que tocam o coração e dão forma ao julgamento das questões perenes e definitivas, ao passo que essas ilusões projetadas não criam outra coisa a não ser ondulações momentâneas sobre a superfície da mente.

“Estou muito satisfeito com suas atenções”, disse uma mulher acerca de um conhecido, “mas não me casaria com ele.” “Por que não?”, indagaram-lhe. “Ele não me soa verdadeiro”, foi a resposta.

Soar verdadeiro: uma expressão cheia de significado... Faz referência à moeda que, quando testada de encontro ao anel, emite um som que revela o metal genuíno, sem a adição de qualquer material de base. *Atende ao padrão,* e vai valer em qualquer lugar por seu valor integral.

O mesmo se dá com os homens. Suas palavras e ações emitem sua própria influência. Há nelas um som inaudível que todos os outros homens ouvem interiormente e detectam instintivamente. Eles sabem distinguir o anel falso do verdadeiro, embora não saibam como sabem, assim como o ouvido externo é capaz de fazer as distinções mais delicadas entre os sons, para que o ouvido interno possa fazer distinções igualmente sutis entre as almas. Nenhum deles é, em última análise, enganado, a não ser o enganador. É a loucura cega dos insinceros que, embora lisonjeando-se com suas simulações bem-sucedidas, não estão enganando ninguém, senão a si mesmos. Suas ações são postas a nu perante todos os corações. Há no coração do homem um tribunal cujas decisões não falham. Se os sentidos detectam perfeitamente, a alma infalivelmente saberá! Essa infalibilidade interior é mostrada no julgamento coletivo da raça. Esse julgamento é perfeito, tão perfeito que na literatura, na arte, na ciência, nas invenções, na religião — em cada setor do conhecimento — ele divide os bons dos maus, os dignos dos indignos, os verdadeiros dos falsos, guardando-se e preservando-se zelosamente os primeiros e permitindo que os últimos pereçam. As obras, palavras e ações dos grandes homens são as relíquias da raça, e a raça não descuida de seu valor. Mil homens escrevem um livro, e apenas um é uma obra de um gênio original; assim a raça o destaca, eleva e preserva, relegando os 999 copistas ao esquecimento. Dez mil homens proferem uma sentença em uma circunstância semelhante e apenas uma é uma sentença da sabedoria divina; assim a raça destaca essa sentença para a orientação da posteridade, ao passo que as outras frases não são mais ouvidas. É verdade que a raça mata seus profetas, mas mesmo assim esse se torna um teste que revela o anel verdadeiro, e os homens detectam suas profundezas. O morto atende ao padrão, e o feito de sua morte é preservado como a prova infalível de sua grandeza.

Assim como a moeda falsa é detectada e lançada de volta ao caldeirão, ao passo que a moeda genuína circula entre todos os homens e é valorizada por seu valor, também a palavra, ação ou o caráter falsos são percebidos e mandados de volta ao vazio de onde surgiram como algo irreal, impotente, morto.

As coisas espúrias não têm valor, sejam elas velharias ou homens. Temos vergonha de imitações que tentam passar pelo artigo genuíno. A falsidade é barata. O mascarado torna-se um provérbio, é menos que um homem, é uma sombra, um fantasma, uma máscara simples. A veracidade é valiosa. O homem verdadeiro torna-se um exemplo, é mais do que um homem, é uma realidade, uma força, uma matriz de moldagem, pois pela falsidade tudo está perdido — até mesmo a individualidade se dissolve pela falsidade em nada, é inexistente. Pela veracidade tudo se ganha, a veracidade é fixa, permanente, real.

É da maior importância que sejamos verdadeiros; que não guardemos nenhuma vontade de parecer diferentes do que somos; que simulemos uma virtude, fingindo sermos os melhores, que não adotemos nenhum disfarce. O hipócrita pensa que pode brincar com o mundo e sua lei eterna.

Há apenas uma pessoa que ele engana, que é a si mesmo, e para tanto a lei do mundo inflige a pena justa. Existe uma velha teoria segundo a qual os excessivamente maus são aniquilados. Eu acho que ser um mentiroso é o mais próximo da aniquilação que um homem pode chegar, pois há um sentido em que o homem se foi, e em seu lugar restou apenas uma miragem de logros. Ao inferno da aniquilação que muitos temem, ele desceu; e pensar que um homem assim possa prosperar é pensar que as sombras podem fazer o trabalho de entidades e deslocar os verdadeiros homens.

Se um homem acha que pode construir uma carreira de sucesso sob falsos pretextos e aparências, é melhor deixá-lo fazer uma pausa antes de afundar no abismo das sombras; na insinceridade não há terra firme, substância, realidade; não há nada em que se apoiar e nenhum material com que construir; mas há a solidão, a pobreza, a vergonha, a confusão, os temores, os receios, os choros, os gemidos e as lamentações, pois se há um inferno mais baixo, mais escuro, mais sujo do que todos os outros, é o inferno de insinceridade.

Quatro belos aspectos adornam a mente do homem sincero; são eles:

1. Simplicidade
2. Encanto
3. Perspicácia
4. Poder

Simplicidade é naturalidade. É ser simples, sem falsidade ou afetações imitadas. Por que todas as coisas na natureza são tão lindas? Porque elas são naturais. Vemo-las como são, não como poderiam querer aparecer, pois na verdade elas não têm desejo de aparecer de outra forma. Não há hipocrisia no mundo da natureza, a não ser na natureza humana. A flor que é tão linda ante todos os olhos perderia sua capacidade de ser bela ante todos os olhos se a considerássemos a natureza em sua realidade, e sua beleza e perfeição nos alegram e impressionam. Não podemos encontrar falhas em nenhum lugar e somos conscientes de nossa incapacidade de melhorar coisa nenhuma, mesmo a mais insignificante. Tudo tem sua própria perfeição peculiar e brilha na beleza da simplicidade inconsciente.

Uma das modas sociais modernas é a "Volta à natureza". Isso geralmente é entendido como uma casa de campo com um pedaço de terra para cultivar. Será de pouca utilidade ir para o interior do país se levarmos nossos vícios conosco; e qualquer verniz com que nos adornemos pode muito bem ser eliminado simplesmente onde nos encontramos. É bom que os que se sentem sobrecarregados pelas convenções da sociedade possam ir para o interior e curtir o silêncio da natureza, mas de nada adianta isso a não ser como um meio para a redenção interior que os devolvam à condição de simples e verdadeiros.

Embora a humanidade, todavia, tenha se afastado da simplicidade natural do mundo animal, ela está se encaminhando na direção de uma simplicidade maior: a simplicidade divina. Esses são os homens de grande gênio, em razão de sua simplicidade espontânea. Eles não fingem, pois eles *são*. As mentes menores visam estilo e efeito. Querem impor uma imagem marcante no palco do mundo e por causa desse desejo profano estão condenadas à mediocridade. Disse-me um homem recentemente: "Eu daria vinte anos de minha vida para poder escrever um hino imortal". Com essa ambição, um homem não pode escrever um hino. Ele quer aparecer. Está pensando em si mesmo, em sua própria glória. Antes que um homem possa escrever um hino imortal, ou criar qualquer obra imortal, ele deve dar, não vinte anos de sua vida à ambição, mas deve cantar, pintar, escrever, de 10 mil experiências amargas, 10 mil fracassos, 10 mil conquistas, 10 mil alegrias. Ele deve conhecer o Getsêmani;[11] deve trabalhar com sangue e lágrimas.

Retendo seu intelecto e suas faculdades morais, e retornando à simplicidade, um homem se torna grande. Ele não perde nada real. Apenas são deixados de lado os enganos, revelando o padrão-ouro do caráter. Onde há sinceridade, sempre haverá a simplicidade — a simplicidade do tipo que vemos na natureza, a bela simplicidade da verdade.

O *encanto* é o resultado direto da simplicidade. Isso é visto no encanto de todos os objetos naturais, a que fizemos referência, mas na natureza humana manifesta-se como *influência pessoal*. Nos últimos anos, alguns pseudomísticos anunciaram a venda do segredo do "magnetismo pessoal" por tantos dólares, pelos quais pretendiam demonstrar às pessoas como poderiam se tornar atraentes para outras pessoas por certos meios "ocultos", como se o encanto pudesse ser invocado e vendido, usado e tirado como uma maquiagem. Nem as pessoas que estejam ansiosas para ser consideradas atraentes provavelmente tornar-se-iam assim, pois sua vaidade é uma barreira ao encanto. O próprio desejo de ser considerado atraente é, em si, um engano, e isso leva à prática de inúmeras fraudes. Deduz-se também que essas pessoas estão conscientes de sua falta da atração genuína e de graça de caráter, e estão à procura de um substituto para isso, mas não há substituto para a beleza de espírito e para a força de caráter.

O encanto, assim como o gênio, é perdido ao ser cobiçado; e só é possuído por aqueles que têm um caráter mui-

---

11 Getsêmani é um jardim situado no sopé do monte das Oliveiras, em Jerusalém, onde acredita-se que Jesus e seus discípulos tenham orado na noite anterior à crucifixão do Filho de Deus. (N.T.)

to sólido e sincero para desejá-lo. Não há nada na natureza humana — nem talento, nem intelecto, nem carinho, nem beleza de traços — que se possa comparar em poder de atração com a solidez da mente e a pureza de coração a que chamamos de sinceridade. Há um encanto perene em um homem ou uma mulher sinceros e eles atraem para si os melhores espécimes da natureza humana. Não pode haver encanto pessoal além da sinceridade. Na paixão, isso pode acontecer, e acontece, mas esse é um tipo de doença, e é muito diferente do vínculo indissolúvel pelo qual as pessoas sinceras se unem. Paixão acaba em desilusão dolorosa, mas como não há nada escondido entre as almas sinceras, e elas situam-se no terreno sólido da realidade, não há ilusão a ser mostrada.

Os líderes entre os homens atraem pelo poder de sua sinceridade. Por maior que seja o intelecto de um homem, ele nunca pode ser um líder permanente e guia dos homens a menos que seja sincero. Por um tempo, poderá navegar alegremente na corrente da popularidade e acreditar-se seguro, mas isso só servirá para que em breve incorra ainda mais no ódio popular. Ele não é capaz de enganar por muito tempo o povo com o semblante falso. Em breve todos olharão para trás e descobrirão de que material espúrio ele é feito. Ele é como uma mulher com o rosto pintado. Ela acha que é admirada por sua aparência, mas todos sabemos que é pela pintura, e por isso a desprezamos. Ela tem um admirador — ela mesma — e o inferno da limitação com que todos os insinceros se comprometem é o inferno da admiração pessoal.

As pessoas sinceras não pensam em si mesmas, em seu talento, em sua genialidade, em sua força ou em sua beleza, e por serem tão inconscientes de si, atraem todos e ganham sua confiança, seu afeto e sua estima.

A *perspicácia* pertence ao sincero. Todos os embustes são revelados em sua presença. Todos os simuladores são transparentes aos olhos penetrantes do homem sincero. Com um olhar claro ele percebe todas suas pretensões frágeis. Os enganadores recuam sob seu olhar forte e querem ficar longe dele. Aquele que consegue livrar seu coração de toda a falsidade e guardar somente o que é verdadeiro alcança o poder de distinguir o falso do verdadeiro nos outros. Ele não se deixa enganar, pois não engana a si mesmo.

Assim como os homens, olhando para os objetos da natureza, infalivelmente os distinguem como uma serpente, um pássaro, um cavalo, uma árvore, uma rosa e assim por diante — assim também o homem sincero distingue entre a variedade de tipos de caráter. Ele percebe, em um movimento, um olhar, uma palavra, um ato, a natureza do homem e age de acordo com isso. Ele permanece de guarda sem ser prevenido. Ele está preparado para o hipócrita sem ser desconfiado. Ele age a partir do conhecimento positivo e não da suspeita negativa. Os homens são como livros abertos para ele, e ele lê seu conteúdo. Seu julgamento perspicaz penetra o centro das ações. A sua conduta direta e inequívoca fortalece nos outros o que é bom, e envergonha os que são maus, e ele é um cajado de autoridade ante aqueles que ainda não tenham atingido sua solidez de coração e de mente.

O *poder* acompanha a perspicácia. A compreensão da natureza das ações é acompanhada do poder de conhecer todas as ações e lidar com elas do modo melhor e mais correto. O conhecimento é sempre poder, mas o conhecimento da natureza das ações é um poder superlativo, e aquele que o possui torna-se uma presença para todos os corações e modifica suas ações para o bem. Muito tempo depois que sua presença corporal já passou, ele ainda é uma força que molda o mundo, uma realidade espiritual influindo sutilmente nas mentes dos homens e moldando-as para fins sublimes. A princípio, seu poder é local e limitado, mas o círculo de justiça que ele coloca em movimento continua a aumentar e a se ampliar, até que abraça o mundo inteiro e todos os homens são influenciados por ele.

O homem sincero estampa seu caráter em tudo o que faz e também em todas as pessoas com as quais entra em contato. Ele fala uma palavra oportuna e alguém fica impressionado; a influência é comunicada a outro e mais outro, e finalmente uma alma desesperada a mil quilômetros de distância ouve e se recupera. Esse poder é a prosperidade em si e seu valor não deve ser avaliado em moeda. O dinheiro não pode comprar as joias inestimáveis do caráter, mas o trabalho em ações corretas sim, e aquele que é sincero, que adquire uma solidez vigorosa em todo seu ser, torna-se um homem de sucesso singular e de um raro poder.

Esse é o forte pilar da sinceridade. Seu poder de apoio é tão grande que, uma vez totalmente erguido, o Templo da Prosperidade estará seguro. Suas paredes não irão desmoronar; suas vigas não irão cair; seu teto não irá desabar. A construção permanecerá em pé enquanto o homem viver, e quando ele falecer continuará a servir de abrigo e de lar para outros ao longo de muitas gerações.

SÉTIMO PILAR — IMPARCIALIDADE

Livrar-se dos preconceitos é uma grande conquista. Os preconceitos são como pilhas de obstáculos no caminho de um homem — obstáculos à saúde, ao sucesso, à felicidade e à prosperidade —, de modo que ele parece estar sempre enfrentando inimigos imaginários, os quais, depois da remoção dos preconceitos, são vistos como amigos. Na verdade, a vida é uma espécie de corrida de obstáculos para o homem de preconceitos, uma corrida na qual os obstáculos não podem ser negociados e em que não se atingem os objetivos; ao passo que, para o homem imparcial, a vida é um dia de caminhada em uma paisagem agradável, com um refresco e um descanso no final da jornada.

Para alcançar a imparcialidade, o homem precisa remover o egoísmo inato que o impede de ver qualquer coisa a partir de qualquer ponto de vista diferente desse. Uma grande tarefa, realmente; mas uma tarefa notável e que pode ser bem iniciada já, mesmo que não possa ser terminada. A verdade é capaz de "mover montanhas" e o preconceito é uma cadeia de montanhas mental que as pessoas com uma opinião formada não veem e além da qual não acreditam que possa existir alguma coisa. Removidas essas montanhas, no entanto, abre-se à vista a paisagem infinita da variedade mental composta em uma imagem gloriosa de luz e sombra, de cores e tons, que alegra os olhos daquele que for capaz de ver.

Por prender-se teimosamente ao preconceito, quantas alegrias se perdem, quantos amigos são sacrificados, quanta felicidade é destruída e quantas perspectivas se esvaem! E ainda assim a ausência de preconceito é uma coisa rara. Há poucos homens que não sejam influenciados por preconceitos em assuntos de seu interesse. Raramente se encontra um homem que discuta desapaixonadamente um assunto de ambos os lados, considerando todos os fatos e pesando todas as evidências, a fim de chegar à verdade sobre o tema. Cada um tem sua opinião a defender. Ninguém está buscando a verdade, pois já está convencido de que sua própria conclusão é a verdadeira e que tudo o mais está errado; cada um está defendendo sua própria causa e lutando pela própria vitória. Nem tenta provar que sua verdade se deve a uma série imparcial de fatos e provas, mas defende sua posição com mais ou menos calor e agitação.

O preconceito faz que o homem forme uma conclusão, às vezes sem nenhum fundamento em fatos ou em conhecimentos, e depois se recuse a considerar qualquer coisa que não apoie essa conclusão; e nesse preconceito forma uma barreira total à percepção do conhecimento. O preconceito rebaixa o homem às trevas e à ignorância, e impede o crescimento de sua mente nos sentidos mais nobres e importantes. Mais do que isso, também o desliga da comunhão com os melhores cérebros e confina-o à cela escura e solitária de seu próprio egoísmo.

O preconceito fecha a mente à entrada de novas luzes, à percepção de novas belezas, à audição de música mais divina. Por um partido, o homem se aferra à opinião menor, passageira e frágil, pensando tratar-se da melhor coisa do mundo. Ele é tão apaixonado por sua própria conclusão (que é apenas uma forma de amor-próprio), que acha que todos os homens devem concordar com a sua, e considera os homens mais ou menos estúpidos por não verem por seu prisma, ao mesmo tempo que elogia o bom senso dos que estão a seu lado, afinados com sua opinião. Esse homem não consegue obter conhecimento, não é capaz de chegar à verdade. Ele se limita à esfera da opinião (a suas próprias ilusões artificiais), que está fora da esfera da realidade. Ele se move em uma espécie de obsessão pessoal, que o impede de ver os fatos comuns da vida, ao passo que suas próprias teorias — em geral mais ou menos infundadas — assumem, em sua mente, proporções dominantes. Ele acalenta a ideia de que só existe um lado para tudo, e esse lado é o seu próprio. Há pelo menos dois lados em tudo, e ele é quem encontra a verdade em uma questão que examina cuidadosamente de ambos os lados, com toda a liberdade de emoção e sem nenhum desejo pelo predomínio de um lado ou de outro.

Em suas controvérsias e polêmicas, o mundo em geral é como dois advogados na defesa de um caso. O advogado de acusação apresenta todos os fatos que comprovam seu lado, ao passo que o advogado de defesa apresenta todos os fatos que sustentam sua afirmação, e cada um menospreza ou ignora, ou tenta refutar, os fatos do outro. O juiz do caso, no entanto, é como o pensador imparcial entre os homens: depois de ter ouvido todos os argumentos de ambos os lados, compara-os e filtra-os, de modo a formar uma solução imparcial pela causa da justiça.

Não que essa parcialidade universal seja uma coisa ruim, nem como em todos os outros extremos; a natureza aqui reduz as oposições das partes em conflito a um equilíbrio perfeito e, além disso, é um fator de evolução, que estimula os homens a pensarem que ainda não desenvolveram o poder de suscitar o pensamento vigoroso à vontade, e essa é uma fase pela qual todos os homens têm de passar. Mas esse é apenas um atalho — e um atalho emaranhado, confuso e doloroso — para a grande estrada da Verdade. É a medida da qual a imparcialidade é a esfera perfeita. Os partidários veem uma parte da verdade e pensam que seja o todo, mas o pensador imparcial vê toda a verdade, que inclui todos os lados. É necessário que vejamos a verdade em partes, por assim dizer, até que, depois de termos reunido todas as partes, possamos juntá-las e formar o círculo perfeito, e ao ter formado esse círculo chegou-se à imparcialidade.

O homem imparcial examina, pesa e considera, livre dos preconceitos e de gostos e desgostos. Seu único desejo é descobrir a verdade. Ele abole as opiniões preconcebidas e permite que os fatos e as provas falem por si. Não tem nenhuma intenção de descobrir por si mesmo, pois sabe que a verdade é imutável, que suas opiniões não podem fazer nenhuma diferença em relação a ela e que ela pode ser investigada e descoberta. Assim, ele se furta de uma grande quantidade de atritos e desgastes nervosos e fricções a que o partidário fervoroso está sujeito; e, além disso, encara diretamente a face da Realidade e assim torna-se tranquilo e pacífico.

Tão raro é a liberdade dos preconceitos que o pensador imparcial, mais cedo ou mais tarde, sempre ocupa uma posição elevada no mundo e em orientar seu destino. Não necessariamente uma função em assuntos mundanos, pois isso é improvável, mas uma posição de destaque nas esferas de influência. Pode ser que exista um desses atualmente, seja ele um carpinteiro, tecelão, balconista, ou esteja na pobreza ou na casa de um milionário, seja baixo ou alto, ou de qualquer aparência, mas o que quer seja e onde quer que esteja, embora desconhecido, ele já começou a mudar o mundo, e um dia será universalmente reconhecido como uma nova força e um centro criativo na evolução.

Houve um assim há cerca de 2.000 anos. Ele[12] era apenas um carpinteiro pobre. Era considerado louco por muitos de sua época, teve uma morte agnominiosa aos olhos de seus compatriotas, mas plantou sementes de uma influência que alterou o mundo inteiro.

Houve outro na Índia, há 25 séculos. Ele[13] era perfeito, muito instruído e filho de um capitalista, proprietário de terras em um pequeno reino. Tornou-se um andarilho, um mendigo sem abrigo, e hoje um terço da raça humana venera seu santuário, seguindo seus ensinamentos e elevando-se por sua influência.

"Cuidado quando o grande Deus deita um pensador neste planeta", diz Emerson;[14] e um homem não é um pensador se ficar preso a preconceitos; seria meramente o defensor incansável de uma opinião. Se toda ideia passar por seu próprio preconceito, e receber sua cor, o pensamento desapaixonado e o julgamento imparcial tornam-se impossíveis. O homem que pensa assim vê tudo apenas em relação a sua opinião, real ou imaginada, ao passo que o pensador vê as coisas como elas são. O homem que purificou a mente de preconceitos e de todas as imperfeições do egoísmo para ser capaz de olhar diretamente para a realidade atingiu o apogeu do poder; e tem nas mãos, por assim dizer, a mais vasta influência e exercerá esse poder sabendo ou não; ele será inseparável de sua vida e o acompa-

12 Referência a Jesus, figura central do cristianismo. Para a maioria dos cristãos, Ele é Cristo, a encarnação de Deus e o "Filho de Deus", que teria sido enviado à Terra para salvar a humanidade. (N.T.)

13 Referência a Buda, ou Sidarta Gautama, um ex-príncipe da região nordeste da Ásia que se tornou professor espiritual e fundou o budismo. (N.T.)

14 Ralph Waldo Emerson, *Ensaios*. (N.T.)

nhará como o perfume à flor. Esse poder estará em suas palavras, em ações, em posturas corporais e nos movimentos da sua mente, mesmo em seu silêncio e na quietude de seu ambiente. Por onde passar, mesmo que deva seguir para o deserto, não escapará desse destino sublime, pois um grande pensador é o centro do mundo; por ele todos os homens são mantidos em suas órbitas e todo pensamento gravita em relação a ele.

O verdadeiro pensador vive acima e além do redemoinho efervescente da paixão em que a humanidade é tragada. Ele não é influenciado pelas considerações pessoais, pois compreendeu a importância dos princípios impessoais e, sendo assim um não combatente na guerra de choques de desejos egoístas, pode, a partir do ponto de vista privilegiado de um observador imparcial, mas não indiferente, ver os dois lados iguais e compreender a causa e o significado da batalha.

Não só os grandes mestres, mas os maiores personagens da literatura, são aqueles livres de preconceitos, que, como verdadeiros espelhos, tratam as coisas de modo imparcial. Tais são Whitman, Shakespeare, Emerson, Balzac, Homero. Essas mentes não são locais, mas universais. Sua atitude é cósmica e não pessoal.

Esses pensadores contêm em si todas as coisas e os seres de todos os mundos e as leis. Eles são os deuses que guiam a raça, e que vão conduzi-la para fora de sua febre de paixão até sua própria terra serena.

O verdadeiro pensador é o maior dos homens e seu destino é o mais exaltado. A mente totalmente imparcial atingiu o divino e se aquece na luz plena da Realidade.

Os quatro grandes elementos da imparcialidade são os seguintes:

1. Justiça
2. Paciência

3. Calma
4. Sabedoria

Justiça é dar e receber em valores iguais. O que se chama de "fazer um negócio vantajoso" é um tipo de roubo. Significa que o comprador dá valor apenas a uma parte de sua compra, apropriando-se do restante como um lucro óbvio. O vendedor também o incentiva a isso ao fechar o negócio.

O homem justo não tenta levar vantagem; ele considera os verdadeiros valores das coisas e ajusta suas transações em conformidade com isso. Ele não deixa "o que quer pagar" vir antes de "o que é certo", pois sabe que o que é certo compensa melhor no final. Ele não busca seu próprio benefício em detrimento de outro, pois sabe que uma ação justa beneficia, igual e completamente, ambas as partes de uma transação. "A perda de um homem é o ganho de outro homem", só será possível se o saldo puder ser ajustado posteriormente. Os ganhos injustos não podem levar à prosperidade, mas à certeza de trazer o fracasso. Um homem justo não deve tirar de outro um ganho injusto por aquilo a que chamam de "transação esperta" mais do que poderia obter tirando do próprio bolso. Ele consideraria um tipo tão desonesto quanto o outro.

O espírito de barganha nos negócios não é o verdadeiro espírito do comércio. É o espírito egoísta e ladrão que quer obter algo em troca de nada. O homem direito expurga sua empresa de todas as negociatas e a constitui na base mais digna da justiça. Ele fornece "um bom artigo" a seu preço justo e não o altera. Não suja as mãos com qualquer negócio contaminado pela fraude. Seus produtos são genuínos e com os preços adequados.

Os clientes que tentam "ganhar" de um comerciante em suas compras estão se degradando. Sua prática pressupõe uma ou ambas as coisas, ou seja, que o comerciante ou é desonesto e cobra a mais (uma atitude mental baixa e suspeita), ou está ansioso para persuadi-lo para obter lucro (uma atitude igualmente rasteira) e assim beneficiar-se com a perda do outro. A prática de "regatear" é totalmente desonesta e as pessoas que a praticam mais assiduamente são aquelas que mais se queixam de que lhes "impingiram algo", e isso não é de surpreender, tendo em vista que elas próprias estão o tempo todo tentando impor suas condições aos outros.

Por outro lado, o comerciante que está ansioso para conseguir tudo o que pode à custa de seus clientes, independentemente da justiça e dos valores corretos das coisas, é uma espécie de ladrão e está envenenando seu sucesso, pois seus atos certamente voltarão para ele na forma da ruína financeira.

Disse-me um homem de 50 anos outro dia: "Acabo de descobrir que durante toda a minha vida tenho pago 50% a mais". Um homem justo não pode achar que sempre pagou muito por algo, pois não deveria concordar com nenhuma operação que considerasse injusta; mas se um homem está ansioso para conseguir tudo pela metade do preço, então estará sempre se lamentando, com mesquinhez e miseravelmente, que pagou o dobro por tudo. O homem justo se satisfaz em pagar o valor integral por tudo, seja dando ou recebendo, e sua mente não será perturbada e seus dias serão cheios de paz.

Que um homem evite acima de tudo a mesquinhez e se esforce para ser cada vez mais perfeitamente justo, porque, se não for justo, não poderá ser nem honesto, nem generoso, nem valoroso, mas uma espécie de ladrão disfarçado tentando conseguir tudo o que pode e dar de volta o mínimo possível. Que ele evite toda negociata, e que ensine a todos os que as praticam a melhor maneira de conduzir seus negócios com a dignidade exaltada que leva a um grande e meritório sucesso.

A *paciência* é a joia mais brilhante no caráter do homem imparcial. Não uma paciência em particular com uma coisa em particular — como uma moça com a agulha, ou um menino construindo seu motor de brinquedo —, mas na expressão de uma consideração inabalável, numa doçura de disposição em todos os momentos e nas circunstâncias mais difíceis, numa perpétua e gentil força que nenhum julgamento pode destruir e nenhuma perseguição pode quebrar. Um bem raro, é verdade, e que não se pode esperar muito da maior parte da humanidade, mas uma virtude que pode ser alcançada gradualmente, pois até mesmo uma paciência parcial faz maravilhas na vida e nos interesses de um homem, assim como a impaciência confirmada produz uma devastação completa. O homem irascível corteja o desastre rápido, pois quem fechará um acordo com um homem que continuamente se alvoroça como a poeira da terra quando alguma pequena centelha de denúncia ou crítica recai sobre ele? Até mesmo seus amigos, um a um, acabarão por abandoná-lo, pois quem apreciaria a companhia de um homem que rudemente o ataca com uma língua impaciente e impetuosa pela mínima questão ou mal-entendido?

O homem deve começar a se controlar sabiamente e aprender as belas lições de paciência, se quiser ser muito próspero, se quiser ser um homem de utilidade e poder. Ele deve aprender a pensar nos outros, a agir para o bem deles, e não só para si mesmo; deve ser atencioso, paciente e suportar o sofrimento. Deve pensar em ter um coração em paz com os homens que discordem de suas opiniões sobre coisas que considera as mais importantes. Deve evitar brigas, assim como evitaria a ingestão de um veneno mortal. Sempre haverá discórdias externas, mas o homem deve se fortalecer contra elas; deve refletir sobre como harmonizá-las pelo exercício da paciência.

Os conflitos são comuns: eles doem no coração e distorcem a mente. A paciência é rara, ela enriquece o coração e embeleza a mente. Qualquer um é capaz de mascar fumo, cuspir e fumar; isso não exige esforço, apenas um comportamento relaxado. É preciso ser um *homem* de verdade para manter a calma em todos os momentos e ser meticuloso e paciente com os defeitos da humanidade. Mas a paciência vence. Assim como água mole desgasta a pedra dura, assim a paciência supera toda oposição. Ele conquista o coração dos homens. Conquista e controla.

A *calma* acompanha a paciência. Ela é uma grande e gloriosa qualidade. É o refúgio sereno das almas emancipadas após suas longas peregrinações pelas tempestades suscitadas no oceano da paixão. Ela assinala o homem que muito sofreu, muito suportou, muito experimentou e finalmente venceu.

O homem que não for calmo não poderá ser imparcial. A excitação, o preconceito, a parcialidade brotam das paixões perturbadoras. Quando o sentimento pessoal é contrariado, ele se eleva e ferve como uma corrente de água represada. O homem calmo evita esse distúrbio, orientando seus sentimentos para o canal impessoal. Ele pensa e sente pelos outros, bem como por si mesmo. Ele atribui o mesmo valor às opiniões de outros homens que à sua. Se considera seu trabalho importante, também vê que o trabalho dos outros é igualmente importante. Ele não se contenta com o próprio mérito em face do demérito dos outros. Não se deixa abalar como um joão-bobo, com um senso de presunção. Ele abandona o egoísmo em favor da verdade e percebe as relações corretas entre as coisas. Ele venceu a irritabilidade e compreendeu que não há nada em si que deva causar irritação. Pois não se irrita com um amor-perfeito por não ser uma rosa, assim como com um homem por perceber as coisas como ele próprio percebe.

As mentes diferem, e o homem calmo reconhece as diferenças como fatos da natureza humana.

O homem calmo, imparcial, não é só o homem mais feliz, também tem todos seus poderes sob seu comando. Ele é seguro, deliberado, ativo e executa, rápida e facilmente em silêncio, o que os homens irritáveis só conseguem lenta e laboriosamente por meio de muito esforço. Sua mente está purificada, preparada, concentrada, e ele está pronto a qualquer momento para ser direcionado a um determinado trabalho com uma capacidade infalível. Na mente calma todas as contradições se reconciliam e há uma alegria radiante e uma paz perpétua. Como diz Emerson: "A calma é uma alegria constante e habitual".[15]

Não se deve confundir a calma com indiferença, pois elas se encontram nos extremos opostos. A indiferença é inerte, ao passo que a calma é a vida refulgente e o pleno poder assumido. O homem calmo venceu o ego parcial ou inteiramente; e, tendo derrotado com sucesso o egoísmo interior, sabe como enfrentar e superar o mesmo com sucesso nos outros. Em toda questão moral o homem calmo é sempre o vencedor. Uma vez que mantém a calma, a derrota é impossível.

O autocontrole é melhor do que as riquezas, e calma é uma bênção perpétua.

A *sabedoria* habita o homem imparcial. Seus conselhos guiam-no; suas asas protegem-no; ela o conduz por caminhos agradáveis rumo a destinos felizes.

A sabedoria tem muitas facetas. O homem sábio adapta-se aos outros. Ele age pelo bem deles, mas nunca viola as virtudes morais e os princípios da boa conduta. O homem insensato não pode se adaptar aos outros, ele age por si só e continuamente viola as virtudes morais e os princípios

15 Idem, *ibidem*. (N.T.)

da boa conduta. Há um grau de sabedoria em cada ato de imparcialidade e, uma vez que um homem alcançou e experimentou a conduta imparcial, poderá recuperá-la uma e outra vez até finalmente estabelecer-se nela.

Cada pensamento, palavra e ato de sabedoria revelam o mundo em geral, pois a sabedoria é repleta de grandeza. A sabedoria é um poço de conhecimento e uma fonte de energia. É profunda e abrangente, e é tão exata e abrangente que abarca os menores detalhes. Em sua grandeza ampla, não deixa de observar os pequenos. A mente sábia é como o mundo, que contém todas as coisas em seu devido lugar e ordem, e nem por isso se sobrecarrega. Como o mundo também, é livre e inconsciente de quaisquer restrições; ainda assim, nunca relaxa, nunca erra, nunca peca nem se arrepende. A sabedoria é o ser estável e maduro de quem a estupidez foi o bebê chorão. Ela superou a fragilidade e a dependência, os erros e as punições da ignorância infantil e é ereta, preparada, forte e serena.

A mente que compreende não precisa de apoio externo. Ergue-se sobre si mesma na terra firme do conhecimento; não o conhecimento dos livros, mas a experiência amadurecida. Ela atravessou todas as mentes e, portanto, as conhece. Ela viajou com todos os corações e conhece sua jornada na alegria e na tristeza.

Quando a sabedoria toca um homem, ele se eleva e transfigura. Ele se torna um novo ser, com novos objetivos e competências, e habita um novo universo em que poderá realizar um novo e glorioso destino.

Esse é o Pilar da Imparcialidade, que contribui com sua força enorme e sua graça incomparável à sustentação e ao embelezamento do Templo da Prosperidade.

OITAVO PILAR — AUTOCONFIANÇA

Todo jovem deveria ler o ensaio de Emerson, "Self-reliance" (Autoconfiança).[16] Esse é o ensaio mais vigoroso, mais viril que já foi escrito. Foi talhado entre outras coisas para curar aquelas duas doenças mentais comuns à juventude, a saber, a autodepreciação e a presunção. É quase como se fosse para revelar ao presumido a pequenez e o vazio de sua vaidade, como também para mostrar ao homem tímido a fraqueza e a ineficácia de sua timidez. Trata-se de uma nova revelação da dignidade varonil; tanto uma revelação quanto qualquer outra segredada por um antigo vidente e profeta, e talvez mais prática, eminentemente apropriada essa época mecânica, futurista, na medida em que foi feita por um profeta moderno e de um novo tipo, que atende ao chamado de uma nova raça, e seu principal mérito é sua característica poderosamente tônica.

Que a confiança em si mesmo não seja confundida com a vaidade, pois tão elevada e excelente é uma quão baixa e sem

16 Id., *ib.*. (N.T.)

valor é a outra. Não pode haver nada comum na autoconfiança, ao passo que, na presunção, não pode haver nada grande.

O homem que nunca diz "não" quando questionado sobre assuntos de que é totalmente ignorante, para evitar, como ele imagina, ser considerado ignorante, mas confiantemente invoca suposições, hipóteses e conhecimentos, será conhecido por sua ignorância e ainda subestimado por sua presunção. Uma confissão sincera de ignorância impõe respeito, uma pressuposição arrogante de conhecimento suscita desprezo.

O homem tímido e humilde, que quase parece ter medo de viver, que teme fazer alguma coisa de uma forma não aprovada e se submete ao ridículo, não é um homem completo. Ele sente que deve imitar os outros e não age de modo independente. Precisa da autoconfiança que o obrigará a se apoiar na própria iniciativa e assim tornar-se um novo exemplo, em vez do seguidor servil de um velho. Quanto ao ridículo, aquele que se deixa magoar por ele não é homem. As ironias ou o deboche e o sarcasmo não são capazes de penetrar a forte armadura do homem confiante em si mesmo. Não podem alcançar a cidadela invencível de seu coração sincero para picá-lo ou feri-lo. As flechas pontiagudas da ironia podem chover sobre ele, mas ele ri enquanto elas são desviadas pela forte couraça de sua confiança e caem sobre ele inofensivas.

"Confie em si mesmo", diz Emerson, "todo coração vibra com essa corda de ferro." Ao longo dos séculos os homens se dobraram, e ainda se dobram, ante os artifícios externos, em vez de apoiarem-se em sua simplicidade nata e na sua dignidade original. Os poucos que tiveram a coragem de fazê-lo são destacados e apontados como heróis; e é realmente um verdadeiro herói aquele que tem a ousadia de deixar sua natureza falar por si mesma, aquele que tem esse metal forte que lhe permite escorar-se no próprio valor intrínseco.

É verdade que o candidato a tal heroísmo deve suportar o teste de força. Não deve se envergonhar pelo que é perante os abusos de um iniciado no convencionalismo. Não deve temer por sua reputação ou posição, nem por sua posição na igreja ou seu prestígio na sociedade local. Deve aprender a agir e a viver com tanta independência em relação a essas considerações quanto às modas vigentes em qualquer parte do mundo. No entanto, depois de ter suportado esse teste, e as palavras duras não conseguiram abalá-lo ou afligi-lo, ele se tornou um homem de verdade, a quem a sociedade terá de reconhecer e, finalmente, aceitar em seus próprios termos.

Cedo ou tarde, todos os homens procuram a orientação do homem confiante e, embora as melhores mentes não recorram a seu apoio, elas respeitam e valorizam seu trabalho, e reconhecem seu lugar entre os bons que tenham existido antes.

O desprezo por aprender não deve ser considerada uma indicação de autoconfiança. Essa atitude nasce de uma arrogância teimosa que tem os elementos de fraqueza e é profética de uma queda, em vez dos elementos da força e da promessa de grandes conquistas, que são característicos da autoconfiança. Orgulho e vaidade não devem ser associados a si mesmo se repousam sobre incidentes e pertences — dinheiro, roupas, bens, prestígio, posição, pois isso se perde, tudo se perde. A autoconfiança repousa nos fundamentos e princípios da dignidade, da probidade, da pureza, da sinceridade, do caráter e da verdade, e tudo o que pode ser perdido é de pouca importância, pois esses nunca são perdidos. O orgulho tenta esconder sua ignorância pela ostentação e pela presunção, e não se dispõe a ser considerado um aprendiz em qualquer sentido. Apoia-se, durante seu dia pouco fugaz, na ignorância e na aparência, e quanto mais alto se eleva hoje, mais baixo cairá amanhã. A autoconfiança não tem nada a esconder e está disposta a aprender. Não pode haver humildade onde o orgulho impera, a autoconfiança e a humildade são compatíveis, nada mais, são complementares, e a mais sublime forma de autoconfiança só se encontra associada à mais profunda humildade.

"Os extremos se tocam", diz Emerson, "e não há exemplo melhor do que a majestade da humildade. Nenhum aristocrata, nenhum príncipe nascido para a púrpura, pode pensar em se comparar com o respeito por si mesmo do santo. Por que ele é tão humilde, será que sabe que pode se dar esse direito, repousando na grandeza de Deus?" Foi Buda que, nesse particular, disse: "Aqueles que, agora ou depois de eu morrer, serão uma luz por si mesmos, confiando em si mesmos e não apenas dependendo de alguma ajuda externa, mas apegando-se à verdade como sua luz e buscando sua salvação na verdade por si só, não devem procurar ajuda em ninguém além de si mesmos, são eles, entre meus discípulos, que deverão atingir as maiores alturas. Mas devem estar dispostos a aprender". Nesse ensinamento, a insistência repetida na necessidade de confiar em si mesmo apenas, juntamente com a exortação final à vontade de aprender, há o mais sábio enunciado sobre a autoconfiança que conheço. Nele, o Grande Mestre abarca o equilíbrio perfeito entre a autoconfiança e a humildade que o homem de verdade precisa adquirir.

"A autoconfiança é a essência do heroísmo." Todos os grandes homens são autoconfiantes e devemos usá-los como mestres e exemplos, e não como adereços ou muleta. Um grande homem é aquele que não se curva a ninguém, mas está sozinho na dignidade solitária da verdade e logo o mundo começa a se curvar perante ele, começa a fazer dele uma desculpa para a indolência espiritual e para uma humilhação destrutiva. Se confiarmos na luz de outro, a escuridão logo nos dominará, mas, se confiarmos em nossa própria luz, teremos de mantê-la acesa. Podemos tanto nos inspirar na luz de outro quanto comunicá-la, mas se considerarmos suficiente nossa própria lua quando ela está desgastada pela negligência, em pouco nos veremos abandonados na escuridão. Nossa própria luz interior é a luz que nunca nos trai.

O que é a "luz interior" dos quacres senão um outro nome para a autoconfiança? Devemos nos apoiar no que somos, não no que o outro é. "Mas eu sou tão pequeno e pobre", diria você; bem, apoie-se nessa pequenez e oportunamente ela se tornará grande. Um bebê deve mamar e precisa se apoiar. Doravante, ele se sustentará em seus próprios membros. Os homens rezam a Deus para que coloque em suas mãos o que eles são feitos para alcançar por si mesmos; para que coloque em sua boca o alimento pelo qual devem trabalhar arduamente. Mas os homens vão superar essa infância espiritual. Chegará o dia em que os homens não irão mais pagar um padre para rezar por eles e pregar para eles.

O principal problema do homem é a desconfiança de si mesmo, de modo que o homem autoconfiante se torna um espetáculo raro e singular. Se o homem olhar para si mesmo como um "verme", o que sairá dele a não ser uma insignificância se contorcendo? É verdade, "aquele que se humilha será exaltado", mas não aquele que degrada a si mesmo. O homem deve se ver como ele é e, se há alguma indignidade em si, ele deve se livrar dela, manter o que é de valor e confiar nisso. O homem só é degradado quando degrada a si mesmo, e é exaltado quando vive uma vida exaltada.

Por que deveria um homem, repetidas vezes, chamar a atenção para sua natureza decadente? Há uma falsa humildade que tem uma espécie de orgulho do vício. Se alguém tiver caído, ainda pode se levantar e ser mais sábio que antes. Se um homem cai em uma vala, não fica lá chamando todos os transeuntes para notar sua queda; ele se levanta e segue seu caminho com mais cuidado. Portanto, se caiu na vala do vício, que cresça e se purifique, e siga seu caminho repleto de alegrias.

Não há uma esfera da vida em que a influência e a prosperidade de um homem não possam ser aumentadas consideravelmente por um simples ato de autoconfiança, e para o professor — seja secular ou religioso —, até entre os organizadores, gerentes, superintendentes e em todas as posições de comando e controle, a autoconfiança é uma ferramenta indispensável.

As quatro grandes qualidades da autoconfiança são as seguintes:

1. Decisão
2. Firmeza
3. Dignidade
4. Independência

A *decisão* torna o homem forte. O indeciso é fraco. O homem que desempenha um papel atuante, ainda que pequeno, no drama da vida deve ser decidido e saber o que está em causa. Não importa do que duvide, não deve duvidar nunca de seu poder de agir. Deve conhecer seu papel na vida e colocar toda sua energia nele. Deve ter alguma base sólida de conhecimentos com a qual possa trabalhar e permanecer firmemente nisso. Pode se tratar apenas de um preço e da qualidade do material, mas ele deve conhecer seu trabalho inteiramente, e saber que sabe disso. Deve estar pronto a qualquer momento para responder por si mesmo quando seu dever estiver em causa. Deve estar bem informado sobre sua atividade em particular para não ser afetado pela hesitação em qualquer momento ou em qualquer emergência. É uma verdade dizer que "o homem que vacila está perdido". Ninguém acredita naquele que não acredita em si mesmo, naquele que duvida, para e vacila, e não pode se livrar dos fios emaranhados de dois cursos. Quem iria tratar com um comerciante que não sabe o preço de seus próprios bens, ou não tem certeza de onde encontrá-los? Um homem deve conhecer seu negócio. Se não conhecê-lo, irá instruí-lo? Ele deve ser capaz de dar um bom testemunho da verdade que traz consigo, deve ter aquele toque decidido que só a habilidade e o conhecimento podem transmitir.

A certeza é um grande componente da autoconfiança. Para ter peso, o homem deve ter alguma verdade para compartilhar, e a melhor habilidade para isso é a comunicação da verdade. Ele deve "falar com autoridade e não como os escribas". Deve dominar algum assunto e saber que o domina, de modo a tratar dele com lucidez e largueza, na forma de um mestre, e não manter-se sempre um aprendiz.

A indecisão é um fator da desintegração. Um minuto de hesitação pode inverter a corrente do sucesso. Os homens que têm medo de decidir rapidamente, com receio de cometer um erro, quase sempre cometem um erro ao agir. O mais rápido, em pensamento e ação, é o menos passível de errar, e é melhor agir com decisão e cometer um erro do que agir com indecisão e cometer um erro, pois, no primeiro caso, só há erro, ao passo que, no último, a fraqueza é adicionada ao erro.

O homem deve ser decidido sempre, tanto no que conhece quanto no que não conhece. Deve estar pronto para dizer tanto "não" quanto "sim", tanto rápido em reconhecer sua ignorância quanto em transmitir seu conhecimento. Se está apoiado em fatos e age a partir da simples verdade, não terá tempo para se deter entre duas opiniões.

Forme sua opinião rapidamente e aja de forma decisiva. Melhor ainda, tenha uma opinião já formada e, em seguida, a decisão será instintiva e espontânea.

A *firmeza* surge na mente que é rápida em decidir. É realmente uma decisão final sobre a melhor conduta e o melhor caminho na vida. É o voto da alma a se manter fiel a seus princípios, venha o que vier. Não é nem necessário nem desnecessário que haja algum voto por escrito ou falado, pois a inabalável lealdade a um princípio fixo é o espírito de todos os votos.

O homem sem princípios fixos não realizará muita coisa. A conveniência é um atoleiro e um deserto espinhento, em que o homem permanece continuamente preso ao lamaçal inconstante de sua própria frouxidão moral, e é picado e arranhado pelos espinhos das decepções que ele mesmo criou.

Um homem precisa ter alguma base sólida sobre a qual se destacar entre seus semelhantes. Ele não pode permanecer sobre o pântano da permissão. A inconstância é um vício da fraqueza e os vícios da fraqueza mais contribuem para minar o caráter e a influência do que os vícios da força. O homem que é viciado pelo excesso de força animal pega o menor atalho para a verdade — pois forma sua opinião como quem é viciado pela falta de virilidade e cujo vício maior consiste em não ter uma opinião própria sobre nada. Quando se compreende que o poder é adaptável a ambos os extremos, bons e ruins, não será surpresa que os bêbados e as prostitutas devam alcançar o reino dos céus antes dos beatos diplomáticos. Estarão sendo pelo menos eficientes no curso que tenham adotado, por mais vil que seja, e eficiência é força. Só é preciso que a força seja transformada de má para boa e, vejam só: o pecador detestável tornou-se o santo sublime!

Um homem deve ter uma mente firme, fixa, determinada. Deve decidir sobre quais princípios será melhor defender em todas as questões e quais serão mais seguros para guiá-lo através do labirinto de opiniões conflitantes e inspirá-lo com um coragem inflexível na luta pela vida. Tendo adotado seus princípios, eles devem valer mais para si do que o ganho ou a felicidade, mais até do que a própria vida, e se nunca os abandonar descobrirá que eles nunca irão abandoná-lo, pois irão defendê-lo contra todos os inimigos, levá-lo em segurança entre todos os perigos, iluminar seu caminho através de todas as trevas e dificuldades. Serão para ele como uma luz na escuridão, um lugar de descanso do sofrimento e um refúgio para os conflitos do mundo.

A *dignidade*, a exemplo de um manto majestoso, reveste a mente firme. Aquele que é tão firme quanto uma barra de aço, quando se queira que se comprometa com o mal, e tão flexível quanto um ramo de salgueiro em adaptar-se ao que é bom traz consigo uma dignidade que acalma e eleva os outros com sua presença.

A mente inconstante, a mente que não se escora em nenhum princípio fixo, que é teimosa quando seus desejos são ameaçados e cediça quando seu bem-estar moral está em jogo, não tem gravidade, não tem equilíbrio, não tem uma compostura serena.

O homem de dignidade não pode ser oprimido e escravizado, porque não se deixa pisar nem escravizar. De imediato ele desarma, com um olhar, uma palavra, um silêncio sábio e sugestivo, qualquer tentativa de menosprezá-lo. Sua simples presença é uma repreensão salutar para o irreverente e o inconveniente, embora seja uma rocha de força para o amante do bem.

A razão principal pela qual o homem digno impõe respeito, contudo, não é só porque é extremamente respeitoso de si mesmo, mas porque ele trata gentilmente a todos os outros com a estima devida. O orgulho ama a si mesmo e trata os abaixo de si com um desprezo arrogante, pois o amor a si mesmo e o desprezo pelos outros sempre se encontram juntos em graus de igualdade, de modo que, quanto maior o amor por si mesmo, maior a arrogância. A verdadeira dignidade surge, não do amor-próprio, mas do autossacrifício que é de sua natureza, da adesão a um profundo princípio imparcial e constante. A dignidade do juiz decorre do fato de que, no cumprimento de seu dever, ele deixa de lado toda a consideração pessoal e atém-se apenas à lei; sua personalidade pequena, impermanente e fugaz, torna-se nada, ao passo que a lei, duradoura e majestosa, torna-se tudo. Se um juiz, ao decidir um caso, esquece a lei e incorre em sentimentos e preconceitos pessoais, sua dignidade se acaba. Assim como o homem de majestosa pureza de caráter, ele se apoia na lei divina e não em sentimentos pessoais, pois imediatamente o homem dá lugar à paixão a que sacrificou sua dignidade e toma seu lugar em meio à multidão de imprudentes e descontrolados.

Todo homem terá compostura e dignidade na medida em que agir de acordo com um princípio fixo. Só é preciso que o princípio seja correto e, portanto, inatacável. Enquanto o homem permanecer fiel a esse princípio, e não vacilar ou descer ao elemento pessoal, o assédio das paixões, dos preconceitos e dos interesses, por mais poderosos que sejam, será fraco e ineficaz perante a força indomável de um princípio incorruptível e se submeterá por fim, com toda essa confusão imprópria, a seu direito único e majestoso.

A *independência* é o direito natural do homem forte e bem controlado. Todos os homens amam e defendem a liberdade. Todos os homens aspiram a algum tipo de liberdade.

O homem deve trabalhar para si ou para a comunidade. A menos que seja um aleijado, um inválido crônico ou mentalmente irresponsável, deveria ter vergonha de depender dos outros para tudo o que tem, não dando nada em troca. Se alguém imagina que essa condição seja a liberdade, saiba que essa é uma das mais baixas formas de escravidão. O dia virá em que, para ser um zangão parasita na colmeia humana, mesmo (como as coisas estão agora) sendo um parasita respeitável, e não um vagabundo pobre, será uma vergonha pública, e não será mais respeitável.

A independência, a autonomia, a gloriosa liberdade vêm do trabalho e não da ociosidade; e o homem autoconfiante é muito forte, muito honrado, muito correto para depender dos outros, como um bebê a sugar, para seu sustento. Ele ganha, com a mão ou o cérebro, o direito de viver quando se torna um homem e um cidadão; e isso ele faz não importa que tenha nascido rico ou pobre, pois a riqueza não é desculpa para a preguiça; em vez disso, a riqueza é uma oportunidade de trabalho, com os benefícios raros que disponibiliza, para o bem da comunidade.

Apenas aquele que se sustenta é livre, autoconfiante e independente.

Essa, enfim, é a natureza dos Oito Pilares explicados. De acordo com os fundamentos em que eles repousam, a forma de sua construção, seus ingredientes, a natureza quádrupla do material de que cada um é composto, as posições que ocupam e como sustentam o Templo, todos podem agora construir; e que aqueles que os conheciam, mas de forma imperfeita, conheçam-nos mais perfeitamente; e os que os conheciam perfeitamente possam se deleitar com essa sistematização e simplificação da ordem moral da Prosperidade. Vamos agora considerar o próprio Templo, para que possamos conhecer o poderio de seus Pilares, a força de suas paredes, a resistência de seu teto e a beleza arquitetônica e a perfeição do todo.

O TEMPLO DA PROSPERIDADE

O leitor que leu este livro com vistas à obtenção de informações detalhadas sobre ganhar dinheiro, transações de negócios, lucros e prejuízos em diversos empreendimentos, preços, mercados, acordos, contratos e outros assuntos relacionados com a obtenção da prosperidade terá notado uma total ausência de quaisquer instruções sobre essas questões. São quatro as razões para isso, a saber:

Primeiro. Os detalhes não se sustentam sozinhos, mas são impotentes para construir qualquer coisa a menos que estejam inteligentemente relacionados aos princípios.

Segundo. Os detalhes são infinitos e estão constantemente mudando, ao passo que os princípios são poucos, eternos e imutáveis.

Terceiro. Os princípios são os fatores coerentes em todos os detalhes, que os regulam e harmonizam, de modo que ter princípios certos é estar certo em todos os detalhes subsidiários.

Quarto. Um professor de verdade em qualquer sentido deve seguir rigidamente os princípios e não deve se permitir ser arrastado para longe deles para o labirinto em constante mutação dos elementos particulares e dos dados pessoais, pois esses elementos e detalhes só têm uma abrangência localizada e são necessários apenas para alguns indivíduos, ao passo que os princípios são universalmente corretos e necessários para todos os homens.

Aquele que compreende os princípios deste livro, de modo a ser capaz de praticá-los com inteligência, será capaz de alcançar o âmago desse raciocínio quádruplo. Os detalhes dos assuntos de um homem são importantes, mas esses são *seus* detalhes ou os detalhes de seu ramo particular da indústria, e ninguém de fora desse ramo está interessado nele, mas os princípios morais são os mesmos para todos os homens; eles são aplicáveis a todas as condições e governam todos os aspectos.

O homem que trabalha a partir de princípios fixos não precisa se incomodar com as complicações de numerosos detalhes. Ele vai entender, por assim dizer, os detalhes inteiros em um único pensamento e vê-los por completo, iluminados pela luz do princípio ao qual estão ligados, e isso sem atrito e sem a influência da ansiedade e da tensão.

Enquanto os princípios não forem entendidos, os detalhes serão considerados e tratados como a matéria principal, e assim consideradas conduzindo a inúmeras complicações e problemas confusos. À luz dos princípios, eles são vistos como fatos secundários; assim considerados, todas as dificuldades que lhe sejam relacionadas serão de imediato superadas e anuladas por uma referência aos princípios.

Quem está envolvido em inúmeros detalhes, sem o elemento de regulação e síntese dos princípios, está como alguém perdido em uma floresta, sem nenhum caminho direto pelo qual caminhar no meio da massa dos objetos. Ele se incha com os detalhes, ao passo que o homem de princípios contém todos os detalhes dentro de si mesmo; ele permanece fora deles, por assim dizer, e os entende na totalidade, ao passo que o outro homem só vê os poucos que lhe estão mais próximos no momento.

Todas as coisas estão contidas em princípios. Eles são as leis das coisas e todas as coisas observam sua própria lei. É um erro ver as coisas além de sua natureza. Os detalhes são a letra de que os princípios são o espírito. E isso se aplica tanto à arte, à ciência, à literatura e ao comércio como também à religião, porque "a letra mata e o espírito vivifica".[17] O corpo humano, com sua maravilhosa combinação de peças, é importante, mas apenas em sua relação com o espírito. Sendo retirado o espírito, o organismo é inútil e se desfaz. O corpo de uma empresa, com todos seus detalhes complicados, é importante, mas apenas em sua relação com os princípios vivificantes, por meio dos quais ele é controlado. Retirados esses princípios, o negócio perece.

Para ter o corpo da prosperidade — sua apresentação material — devemos primeiro ter o espírito da prosperidade, e o espírito da prosperidade é o espírito vivaz da virtude moral. A cegueira moral prevalece. Os homens veem dinheiro, bens, prazer, lazer etc. e, tomando-os pela prosperidade, esforçam-se em obtê-los para seu próprio prazer, mas, quando obtidos, não encontram prazer neles.

A prosperidade é, a princípio, um espírito, uma atitude mental, uma força moral, uma vida, que se manifesta exteriormente na forma de abundância, felicidade, alegria. Assim como o homem não pode se tornar um gênio escrevendo poemas, ensaios e peças, precisa desenvolver e adquirir a alma do gênio — quando a escrita se seguirá como o efeito à causa —, de modo que não se pode se tornar próspero por acúmulo de dinheiro e obtendo propriedades e

17 Referência bíblica. II Coríntios 3:6. (N.T.)

posses, mas desenvolvendo e adquirindo a alma da virtude, quando os acessórios materiais se seguirão como o efeito à causa, pois o espírito da virtude é o espírito da alegria e contém em si toda a abundância, toda a satisfação, toda a plenitude da vida.

Não há alegria no dinheiro, não há alegria na propriedade, não há alegria em acúmulos materiais ou em qualquer outro bem material em si mesmo. Essas coisas são mortas e sem vida. O homem deve ter o espírito da alegria ou não será nada. Ele deve ter dentro de si a aptidão para a felicidade. Deve ter a sabedoria para saber como usar essas coisas e não apenas acumulá-las. Deve possuí-las e não ser possuído por elas. Elas devem ser dependentes dele e não ele dependente delas. Elas devem segui-lo e não ele estar sempre correndo atrás delas: e elas inevitavelmente o seguirão se ele tiver os elementos morais aos quais elas estão relacionadas.

Nada está ausente do Reino dos céus; ele contém todas as coisas boas, verdadeiras e necessárias, e "o Reino de Deus está dentro de vós".[18] Conheço pessoas ricas extremamente felizes, porque são generosas, magnânimas, puras e alegres; mas também conheço pessoas ricas que são muito infelizes, e essas são as que consideraram o dinheiro e os bens fundamentalmente para sua felicidade e não desenvolveram o espírito do bem e de alegria dentro de si.

Como se pode dizer de um homem infeliz que ele é "próspero", mesmo que sua renda seja de milhares de dólares por ano? Deve haver uma adequação, uma harmonia e uma satisfação em uma verdadeira prosperidade. Quando o homem rico é feliz, é porque trouxe o espírito da felicidade para suas riquezas e não as riquezas trouxeram a felicidade para ele. Ele é um homem pleno com vantagens materiais e

---

18 Referência bíblica. Lucas 17:21. Em tempo: algumas versões da Bíblia trazem O Reino de Deus está *entre* vós, o que faz uma sutil diferença. (N.T.)

responsabilidades plenas, ao passo que o homem rico infeliz é um homem vazio à procura de riquezas para a plenitude de sua vida, o que só pode ser desenvolvido a partir de dentro de si.

Assim, a prosperidade se resolve em uma aptidão moral e na sabedoria para a utilização correta e a apreciação legítima das coisas materiais que são inseparáveis de nossa vida terrena. Se alguém quiser ser livre por fora, que em primeiro lugar seja livre por dentro, pois se estiver preso a um espírito de fraqueza, egoísmo ou vício, como a posse de dinheiro irá libertá-lo? Será que o dinheiro não se tornaria, em suas mãos, um instrumento acabado pelo qual continuaria a se escravizar?

Os efeitos visíveis de prosperidade, então, não devem ser considerados isoladamente, mas em sua relação com as causas mental e moral. Há uma fundação escondida para cada edifício; o fato de ele continuar de pé é uma prova disso. Há uma base escondida para toda forma de sucesso estabelecido; sua permanência prova que é assim. A prosperidade está na fundação do *caráter*, e não há, em todo o amplo universo, nenhum outro fundamento. A verdadeira riqueza é o bem-estar, a felicidade, a saúde, a integridade, a plenitude e a felicidade. Os ricos infelizes não são verdadeiramente ricos. São apenas viciados em dinheiro, luxo e lazer, como instrumentos de autotortura. Por suas propriedades eles são amaldiçoados por si mesmos.

O homem moral é sempre abençoado, sempre feliz, e sua vida, vista como um todo, é sempre um sucesso. Para ele não há nenhuma exceção, pois, para qualquer falha que possa ter em um detalhe, a obra completa de sua vida será boa, inteira, completa e, por tudo isso, ele terá a consciência tranquila, um nome honrado e todas as múltiplas bênçãos que são inseparáveis da riqueza de caráter. Sem essa riqueza moral, a riqueza financeira não irá beneficiar ou satisfazer.

Vamos recapitular brevemente e de novo considerar os Oito Pilares em sua força e esplendor.

Energia — O despertar para o esforço árduo e incansável na realização das tarefas.

Economia — A concentração do poder, a preservação do capital e do caráter, sendo este último capital mental e, portanto, da maior importância.

Integridade — Uma honestidade inabalável; mantém invioladas todas as promessas, acordos e contratos, acima de todas as considerações de perda ou ganho.

Sistema — Mantém todos os detalhes submissos à ordem; assim, alivia a memória e a mente do trabalho supérfluo e da tensão pela redução de muitos a um.

Simpatia — Magnanimidade, generosidade, delicadeza e ternura; é ser receptivo, livre e bondoso.

Sinceridade — Ser sincero e íntegro, firme e verdadeiro, e, portanto, não ser uma pessoa em público e outra em particular; e não assumir publicamente boas ações enquanto pratica más ações em segredo.

Imparcialidade — Justiça; não favorecer a si, mas pesar os dois lados e agir de acordo com a equidade.

Autoconfiança — Buscar apenas em si mesmo a força e o apoio, baseando-se em princípios fixos e invencíveis, e não depender de coisas externas, que a qualquer momento podem ser perdidas.

Como pode uma vida ser outra coisa a não ser bem-sucedida se for erigida sobre esses Oito Pilares? A força deles é tal que nenhuma força física ou intelectual lhes pode ser comparada; e construir todos os oito perfeitamente torna um homem invencível. Será visto, no entanto, que os homens são muitas vezes fortes em uma ou várias dessas qualidades e fracos em outras, e é esse elemento fraco que convida ao fracasso. É tolice, por exemplo, atribuir o fracasso de um homem de negócios a sua honestidade. É impossível que a honestidade possa produzir fracasso. A causa do fracasso deve ser procurada em outro sentido — na falta, e não na posse, de boas qualidades necessárias por alguns. Além disso, tal atribuição de falta de honestidade é uma ofensa à integridade do comércio e uma acusação falsa aos homens, bastante numerosos, que são honrosamente envolvidos no comércio. Um homem pode ser forte em Energia, Economia e Sistema, mas comparativamente fraco nas outras cinco qualidades. Esse homem só deixará de alcançar o pleno êxito pela falta de um dos quatro pilares de canto, ou seja, a Integridade. Seu templo cederá naquele canto fraco, pois os quatro primeiros pilares *devem* ser bem construídos para que o Templo da Prosperidade esteja seguro. Aqueles são os pilares das primeiras qualidades a serem adquiridas na evolução moral humana e sem eles não se chegará aos outros quatro. De novo, se o homem for forte nos três primeiros e faltar-lhe o quarto, a ausência de ordem atrairá a confusão e o desastre nos negócios, e assim por diante em qualquer combinação parcial dessas qualidades, especialmente as quatro primeiras, pois as outras quatro são de caráter tão elevado que no momento os homens só os possuem, com raras exceções, de forma mais ou menos imperfeita. Portanto, o homem público que pretenda garantir um sucesso duradouro em qualquer ramo empresarial, ou em um dos muitos setores industriais, *deve* construir em seu caráter, pela prática, os quatro primeiros Pilares morais. Por esses princípios fixos ele deve regular seu pensamento, sua conduta e suas relações; deve consultá-los em todas as dificuldades, fazendo cada detalhe atendê-los; e, acima de tudo, *nunca abandonando-os, sob qualquer circunstância, para obter alguma vantagem pessoal ou resolver alguns problemas pessoais,* pois abandoná-los é tornar-se vulnerável aos elementos desintegradores do mal e a acusações de outras pessoas. Aquele que se conduz assim por esses quatro princípios alcançará um pleno sucesso em seu trabalho, seja ele qual for; seu Templo da Prosperidade estará bem construído e bem apoiado, e permanecerá seguro. A prática correta desses quatro princípios está ao alcance de todos os homens dispostos a estudá-los com esse objetivo, pois eles são tão simples e claros que uma criança poderia entender seu significado, e sua perfeição na conduta não exige um grau incomum de autossacrifício, embora demande uma certa abnegação e disciplina pessoal, sem o que não pode haver sucesso neste mundo de ação. Os últimos quatro pilares, no entanto, são princípios da natureza mais profunda, são mais difíceis de entender e praticar e requerem um maior grau de autossacrifício e recato. Poucos, no momento, são capazes de chegar a esse distanciamento do elemento pessoal que sua prática perfeita exige, mas os poucos que o fizerem em qualquer nível aumentarão muito suas competências e enriquecerão sua vida, adornando o Templo da Prosperidade com uma singular e atraente beleza que os alegrará e elevará a todos muito depois de terem falecido.

Aqueles, contudo, que estão começando a construir o Templo da Prosperidade, em conformidade com os ensinamentos deste livro, devem ter em mente que um edifício precisa de tempo para ser construído, que deve ser levantado pacientemente, tijolo sobre tijolo e pedra sobre pedra, que os Pilares devem ser firmemente fixos e cimentados, e que serão necessários muito trabalho e cuidados para tornar o conjunto completo. A construção desse Templo mental interior não é menos real e substancial porque invisível e silenciosa, pois, ao erigir o seu, a exemplo do Templo de Salomão, que foi "construído em sete anos", será possível dizer que "não havia nem martelo, nem machado, nem nenhum outro instrumento de ferro se ouviu na casa quando a edificavam".[19]

Mesmo assim, ó leitor, construa o teu caráter, levante a casa de sua vida, construa seu Templo da Prosperidade. Não seja como o insensato, que sobe e desce no fluxo incerto de desejos egoístas; mas esteja em paz em seu trabalho, coroe sua carreira com perfeição, e assim seja contado entre os sábios que, sem dúvida, construíram sobre uma fundação fixa e segura — sobre os Princípios da Verdade que perduram para sempre.

19 Referência bíblica. I Reis 6:7. (N.T.)

CTP • Impressão • Acabamento
Com arquivos fornecidos pelo Editor

EDITORA e GRÁFICA
VIDA & CONSCIÊNCIA

R. Agostinho Gomes, 2312 • Ipiranga • SP
Fone/fax: (11) 3577-3200 / 3577-3201
e-mail:grafica@vidaeconsciencia.com.br
site: www.vidaeconsciencia.com.br